阅读是最好的陪伴

校长爸爸给孩子的亲子书单

潘健——著

上海教育出版社
SHANGHAI EDUCATIONAL
PUBLISHING HOUSE

序一

世上阅读，皆因有爱

　　忘了具体什么时间，潘健兄告知，他以女儿姣姣为收件人的读书笔记将结集。我深以为好，那些好看文章，值得

与更多读者见面。近日，新书就要面世，蒙他信任，先睹为快，感觉一如往昔，深以为好。算一算，距他动笔写作这一系列，也有七八年了吧，姣姣从小学生读成了大学生，"阅读是最好的陪伴"，果然。

如果问我，《阅读是最好的陪伴》是本什么书，我有个比方，它就是属于潘健兄的《幸福的种子》，通过五十本好书，五十篇笔记，以父之名，与女儿交流，把他一切想讲的话，都讲了出来。如此真诚，如此温柔，也如此贴切。他就像是在用自己的眼睛，来为女儿读书，又是在用自己的思考，进一步激起女儿独立阅读的愿望和动力。这相当符合著名心理学家、教育家斯金纳所说：我们教的不应该是伟大作品，而应该是对阅读的热爱。

不过，作为一名资深读者，潘兄选择的这些著作确实精彩，既关注了孩子当下阅读，也选入很多经典，有一些绝对可称伟大。并且，这一次一口气读下五十篇，通观这五十本书，关于成长，关于人生困惑，关于道德、人性，总括起来，我真的可以说，他同样做到松居直先生做到的：

通过念这些书，我已经在他们小时候，把一个做父亲的想对孩子说的话说完了。对一个人来说，什么是真正的幸福？活着的意义到底在哪里？人应该靠什么活下去？这一本又一本的故事书，已经用不同的方式把答案说得一清二楚了。

对，"阅读是最好的陪伴"，谁说不是呢？从这个意义上，《阅读是最好的陪伴》是潘兄对女儿最好陪伴的表达，而他借之交流的那一本本书，也确实能给全天下孩子——不唯他的女儿——以最好的陪伴。书名中称此为"亲子书单"，"亲子"恰是定制，恰是精选，此中有真意，唯读知真言——教给孩子对阅读的热爱，不在话下。

读完《阅读是最好的陪伴》，极为深刻的印象就是潘兄每一篇都聊得好。这话听来像句废话，我略作解释。这个"聊得好"，在于跟孩子沟通书籍内容，且能带出合适的读书法，只是，以潘兄多年读书积淀，这一点于他倒也寻常，读者自可于书中慢慢体会，不多剧透。除此之外，我更欣赏的是他总能由书及人，找到这一本书与女儿的联系，这可真是落实了"陪伴"二字。单举一例，《曾国藩传》，要说张宏杰先生这本著作，大概不少人都拿着作为"成功学"来看，看起来这么"大人气"的一本书，潘健兄拿来跟女儿聊什么呢？不得不说，他还真是会寻找话题。

笔记一开头，就是话里有话："每次考完试，你总有些耿耿于怀……你有时为人际关系而苦恼……"紧接着，他就挑出话头："遇到问题我们要停下来逆向思考，试图看到问题的实质，躬身自省，寻求解决之道。这就是反思。如何反思呢？这几天我在读一个大人物的传记，他身上具有强大的反思精神。"

所以，之后他与女儿谈论的就是"反思"：什么是对生活的反思，可以怎样去反思，反思之后应该怎么做。曾国藩人生跌宕，潘兄取其一瓢饮，实在是因他这些文字，要达到的目的无他，就是"最好的陪伴"，能让女儿有最贴近的理解和最充分的接纳。何止这一篇，通读全书，书中所谈论的这些书，类型多样，难易多元，笔记中均看到"女儿"身影，可见潘兄是做到了这样最好的陪伴。阅读的智慧，也是亲子教育的智慧。

读者或有疑问，著者找到的是与他女儿的关联，这关联与"我"何干？我在想，这个问题，是否可以转换为，"这一本书"与"我"何干？

如果读这本书的同样是爸爸，自然也可以是妈妈，那么，必定可以从这一篇篇笔记里读到为人父母的热忱与责任，这不就是极好的沟通？虽说，"如何做父母"一事不完全是从哪个人那里能学来，至少他人予我启发，从中受益，也是好事一桩。

推展开来，潘兄的职业身份是教育工作者，教育同仁从他的阅读笔记中也能收获真真切切的教育之爱，"把一切献给孩子"，这本书同样是个榜样。它还给"教师阅读"这件事引出了新的面向，展现了新的可能。经常有人讨论教师读书到底是要广博还是专精，读潘兄这本书，我反而愈发觉得，这两者都重要也都不重要，因为有比它们更为关键的，当是想明白为什么而读。想清楚这一点，有了自我确认与自我接纳，那怎么读都是对的，即使就是"我读书就是为了我快乐"——别瞧不上这样读书的，这可是伍尔夫最为认可的"普通读者"。潘兄想通了的就是"与孩子聊"，这一聊，就聊出了神采，也聊出了阅读的好境界。

如果是孩子，更加合适，本来就是"给孩子"的，特别是中学生，书中每一辑、每一篇，都为你而来。潘兄所选的书，对这些书的介绍与分享，以及在这些笔记里展现出的读者的姿态与读者的修养，都是好的阅读对象，尤其，他反反复复提醒的，诸如"你自己去读一读""你自己再走近"……这肯定不是虚与委蛇，而是一位爸爸、一位老师，对更多可爱孩子真实的期待与希望；也是他个人多年践行阅读，浸润其中，对阅读的相信和守望。

关于陪伴，另有句耳熟能详的话，叫"陪伴是最长情的告白"，此语可见陪伴的本质是什么，当然是爱。在我看来，阅读的本质，也是"爱"，对世界的爱，对他人的爱，包括对自己的爱。有了爱，有了好奇，有了寻觅，于是，有了阅读。而潘兄以阅读来陪伴，这是让爱与爱相逢，书里每一句，都是"爱的语言"，在书里，他以温厚的声音、理性的话语推动孩子，等待孩子在温暖生动的话语中成长。说起来，起初，他读，他写，他分享，也像是牵起女儿的手去旅行，唯愿更多人——不管是大人，还是孩子——能够接收到文字背后的信息，以各自的方式将这些宝贵经验与美好回忆珍藏于内心深处。

世上阅读，皆因有爱；以书陪伴，如斯真爱。《阅读是最好的陪伴》，值得读者诸君厚爱。

冷玉斌

（小学语文教师、百班千人公益读写计划总导师、知名阅读推广人）

序二

亲子阅读，其乐融融

生活中最好的陪伴离不开读书。作为教育人，潘健老师在教学生学习的过程中，自己坚持阅读，引导学生阅读；作为家长，潘健老师长期与女儿快乐地共读。

潘健老师不仅和孩子一起读书，还读懂了孩子本身——与孩子交流，听孩子说话，跟孩子赏美景，了解孩子，关心孩子，鼓励孩子。通过这美妙的共读之旅，他希望孩子的未来纯净明朗。他对女儿说："你人生第一次重要选择，明确了自己的兴趣所在，要力争将之发展为终生的志趣。人的一生，拥有自己的志趣，孜孜以求，乐在其中，怎么会不快乐、不幸福呢？我们不会对你施压，要你好好学习、进取向上，不是因为我们有所求，而是希望你将来有能力幸福。我们爱你，你生活幸福就是我们此生最大的满足。"

怎样亲子共读，让孩子快乐美好地成长呢？潘健老师和孩子养成了家庭中共读好书的习惯。

亲子阅读，跨越了时空。从小学到初中、高中，家长潘健重点以每周末亲子共读，在家里的书房阅读。在这个时空，既有潘老师推荐的书，也有孩子自己选择的书。父女共同漫游在书香中，共同享受读书的快乐。

亲子阅读，更具读书情智。在小学期间亲子阅读，潘健老师注重朗读。朗读的语气语调不平和，以丰富的情趣、夸张的语气朗读。这样的亲子朗读，使孩子有身临其境的感受。随着声情并茂的朗读，孩子跟着他一起走进书籍的故事里，走到书中人的身边，有时欢笑，有时悲痛，体验不同的人生。初中、高中的阅读，则注重阅读的节奏，让孩子处于思考的阅读状态。因为带着思考去阅读，女儿的阅读力有了飞速的提升。小学时老师们都说她的语言表达能力很强，认识的字很多。这是在锲而不舍地阅读中，不断积累的成效。阅读，能给孩子的生活成长带来愉悦感；阅读，对孩子学好语言，理解好文字，运用语言表达自己的情思，提升自己的情智，都是大有裨益的。阅读可以读出自己，通过阅读好的书籍，能浸润孩子的心灵，拓宽孩子认识世界、认识人生的视野。读书，读出书中人的思想精神，从而读出自己，读到自己，读懂自己。

亲子共读，注重孩子的阅读兴趣和个性。亲子共读要注重让孩子主动选择自己喜欢的书，这样，孩子的阅读环境轻松自由些。关于孩子的阅读，苏珊·罗森韦格说："如果您想要孩子完全按照你的计划阅读，那注定不会长久。"阅读是一种求知经历，也是兴味的享受。潘健老师还与孩子共读女儿推荐的书，没有对孩子所读书籍的内容、类型进行约束和控制。亲子阅读以书为媒，让孩子和家长共享多种形式的阅读过程，使孩子的课外阅读更有意味。

亲子阅读，需要与孩子互动交流。在阅读过程中，家长可以停下来，面对孩子提出的"为什么"，让孩子说出自己的思考和想法。读到有趣的形象，可以跟孩子共同做做动作，在有趣味的故事里感受快乐。通过多读书、共读书来相互交流，营造良好的家庭读书氛围，以父母的热情来感染孩子。为了与孩子交流，激发孩子的阅读兴趣，在亲子阅读时，家长的语言可以儿童化。如果书上的语言比较深奥，对孩子来说不能真正理解，需要用适合孩子的通俗的语言讲给他听。通过能让孩子听懂的交流，鼓励孩子把书中故事的情节和具体内容讲述出来。自己能表达出来，才是真正的读懂。通过阅读，孩子自己能讲出书中的相关内容，阅读的兴趣就变得更加浓厚，同时孩子的语言表达水平也日渐提升。

亲子共读，让生命的存在更美好。苏霍姆林斯基说："如果少年、男女青年没有自己心爱的书和喜爱的作家，那么他们的完满的、全面的发展就是不可设想的。我要培养一个人，设计他的个性，就始终努力使我的每一个学生早在小学起就建立自己的小藏书箱。中年级和高年级学生的藏书量已经相当可观——大约有 100 到 150 本书。就像音乐家不随时拿起自己心爱的乐器就不能生活一样，一个有思想的人如果不反复阅读自己心爱的书就无法生活。"孩子生活智力发展的主要途径就是阅读、思考。苏氏不仅把读书看作发展智力的手段，更把读书与人的生活乃至生命的存在联系在一起，这就是亲子阅读的价值。人是有思想的苇草，阅读成了人们生活的必需，成了生命存在的方式。可见，家长在家领着孩子读书多么重要。

为了人类生存的美好，现代社会开始倡导读书、学习，全国开展了全民阅读活动。学生的阅读既离不开学校、教师的影响，也离不开家庭、父母的影响，其中，亲子阅读对学生的课外阅读起到至关重要的作用。诺贝尔和平奖获得者、著名的人道主义者史怀哲教授说："我们只有三个方法教导儿童，第一个是以身作则，第二个亦是以身作则，第三个仍然是以身作则。"书籍是人的智力的策源地，大家共同读书，生命存在的方式更美。亲子共读，不仅仅是形式，还需要家长用心投入，真心对待孩子。孩子的潜力，需要家长用心去发掘，用心去激励。父母与孩子的亲子共读，会感受到孩子阅读的光亮，真正体会亲子阅读中生活陪伴的乐趣和魅力。

何伟俊

江苏省兴化市教师发展中心教研室

目　录

第五辑　保持练习的姿态——让自己变得更强大

第一辑

我们都是长耳兔

——美好的心灵陪伴

但愿你的道路漫长

充满挑战，充满发现

有这些美好的心灵陪伴

一路欢歌，一路成长

我们都是长耳兔

—— 与孩子聊《给长耳兔的 36 封信》①

孩子：

夜幕徐徐拉开，大地渐渐沉睡了。我刚敲了几个字，风从外面钻进来，眼前的书页微微翻动，凉飕飕的，遂起身关好窗户。下了一天的雨，此刻仍有节奏地敲打着玻璃。秋，就这样一寸一寸地深了。

你刚进入中学，学习压力骤增。那年，我读初中，离家 5 公里，寄宿他家，辗转多处。读初二时，我在老乡家的二楼住了一段时间。空空荡荡的房间里，一盏微弱的灯光犹如半明半暗的星星，孤寂地闪

① 《给长耳兔的 36 封信》，李崇建著，首都师范大学出版社，2011 年。

烁着。时间再向前推去——10 岁那年，我离开家，到外公的村庄读书。那是小小的我第一次品尝到离别的滋味。

温暖的信笺

"分离是我们必须学习的功课，因为我们总要离开现在的时空，到达另一个陌生的地方。经历分离，会珍惜相处的美好，在离开与归来之间，寻求一份重要的意义。"作家李崇建讲述自己小时候，每天早晨都要经历与父母的短暂分离——那种心境让我感同身受。

这段话出自《给长耳兔的 36 封信》。书的封面是一只特别的兔子，长长的耳朵，而且每年都长一大截——这是它的宝藏，却成为它最大的烦恼。李崇建先生曾任过中学教师，在他的成长经历中，有过类似长耳兔那样孤单的过往。在他与虚拟的"长耳兔"的对话中，一篇篇充满真情的文字从心里流淌出来。这一封封温暖的信笺，既是对自己的安抚，也是给当下困惑不安的青少年一剂心灵的药方。

或许，我们也曾孤单地在自己的世界里徘徊，发现不了自己身上的宝藏。每一天，我们都在使劲地奔跑，唯恐落在别人身后。听了那么多的人生大道理，我们的心可能会慢慢封闭起来，感觉到更多的迷茫——学业的压力，与同学交往的矛盾，身体的不适，与家人的隔阂，自我的迷失，等等。

这些让我们变得忧郁、焦虑与不安。

我们都是长耳兔啊，一只孤单的不被人认可的长耳兔，不可避免地与离别、误解、忧惧、失恋一一邂逅。我们的烦恼，是真实的烦恼；我们的忧虑，是真实的忧虑。我们多么渴望这颗心被接纳，被理解，被认同。

美好的故事

作者很懂青少年的心事，在一个个故事中化解长耳兔的忧虑。在那些或真实或虚幻，或幸福或悲伤的故事里，你或多或少能发现自己的影子。在相似的情境中，你的心在一个又一个充满温暖与支持的氛围中被抚慰了。这种感觉就好比在一个晚霞满天的黄昏，他搬来一张小凳子，安静地坐在你对面，看着你的眼睛缓缓开了口。

约翰从小立志当一名出色的渔夫。有一次，他在与爸爸出海捕鱼的过程中不慎落水，一条五彩斑斓的大鱼紧紧追随他。爸爸告诉他，这条大鱼会锁定他一辈子。于是，他害怕大鱼会吃他，梦想不复存在。直到老年，当他再一次遇到那条大鱼，大鱼告诉了他它的目的。原来大鱼的使命是给他一颗神奇宝石。

这则故事有些神秘，来自《魔法外套》一书。书中的引用比较详细，情节也很动人。作者在这里强调什么呢？父亲的话语有强烈的暗示作用。小约翰这一生都被这暗示牢牢地锁住了，让他不再敢亲近大海。不要小瞧暗示的力量，它有惊人的一面。

我们有时也会被"负面的暗示"困住，特别是沮丧、挫折时。如果一直暗示自己什么都做不好，即便真相并非如此，那也会变成心灵沉重的负担。所以，尽量给自己一些积极的暗示，你会产生心灵的力量，走出生命的至暗时刻。

八十多岁的父亲来看望大儿子，因为没对接好，对方在汽车站苦等了一夜，也没有等到。一片苦心却换来老父亲心疼又生气的教训。理应是骨肉团聚，共叙天伦之乐，现实却让人受伤。这则故事，让我们觉得人与人的沟通并不容易，哪怕与最亲的人也会产生隔阂与误解。作者在文末叮嘱长耳兔："亲情无价，伤人也最重，但却是学习亲密关系的第一课。这些课题都需要经验沉淀，你也一定会有所成长。"

这些故事如一股股甘洌的清泉，滋润着我们焦渴的心。它们让你感受生命中的爱与痛，启发你自己去领悟、去思考该如何面对禁忌，如何有勇气去选择自己的生活，去挑战生命中一个个难题，始终保有一股正向的力量。

如果可以，我会告诉那个年轻的自己：你常常为离别所苦，但离别让心灵变得敏锐，懂得情义可贵，更加珍惜彼此相处的美好；你也时常忧惧，但忧惧只是一部分，给自己机会，去体验生命中的未知，才能发现生命的意义。

这本书，你可以顺着目录一口气读下去，适当摘抄与批注；也可以跳着读，选择与当下处境最契合的那一章节细细玩味。譬如，你可以翻到《勇气》这一章，思考什么是勇气；或者集中阅读几篇关于爱的章节，在不同的爱的书写中理解爱的内涵。

读毕，熄灯，夜阑人静。雨似有似无，而你已入梦乡。当你手捧此书时，也许并不能找到完美的答案。"没有答案，才是人生最好的答案；人生因为没有答案，才充满着惊喜、挑战与乐趣。"你路过这些故事，在人生的舞台上创造属于自己的美好故事。渐渐地，你的心一定能柔韧而有力。在这颗心面前，一切坚硬都会烟消云散。

老爸

这本书，女孩也要读

——与孩子聊《鲁滨孙飘流记》[①]

孩子：

　　《一本男孩子必读的书》这篇小学课文你还记得吗？我们知道了鲁滨孙这个人。他遭遇海难，被海浪卷到一个小岛

---

① 《鲁滨孙飘流记》，［英］丹尼尔·笛福著，张蕾芳译，人民文学出版社，2013 年。

上，一个人在荒岛生活了 28 年。

"他做了一只木筏，把沉船上的食物、制帆篷的布、枪支、弹药、淡水、酒、衣服、工具等一一送到岛上。他用帆布搭起帐篷，作为栖身之处，并将船上运来的东西藏在这里，靠船上剩下的食物生活。后来，鲁滨孙开始在岛上种植大麦和水稻。他学会了制作粗糙的面包。他捕捉并驯养山羊作为肉食的来源，又养了一只鹦鹉作伴。他还做了家具，摆在他所住的山洞里。"

这则荒岛求生的故事流传甚广，"鲁滨孙"这三个字已成为西方人冒险精神的象征。可惜我在学生时代没有遇见这本书。阅读这件事，一旦错过关键期，可能终身难以弥补。如果我那时读到鲁滨孙，不知道内心会掀起多大的风暴？

对自由独立的向往

我会无比向往这样的生活。青春期的孩子，不管是男孩还是女孩，都会渴望冲破樊笼，成长为一个自由独立的人。鲁滨孙从小脑中就装满远游的幻想，宁愿放弃平和、富贵的生活而浪迹天涯。当命运把他抛到一个陌生的地方时，他几乎一无所有，随身只带着一把小刀、一个烟斗。面对复杂险恶的环境，怀着求生的本能，他硬是把自身的能量都激发出来了。这种对个人力量的彰显，一定让少年时代的我迷恋不已。

在向往之余，我要感谢阅读。它让我体会到另一种人生，感受到生活的滋味。而这样的人生，是现实中缺乏的。现实中只有课本与作业，只有日复一日单调的生活。读书不一定让我变得更好，但起码让我体验到别样的人生，将别人的经验嫁接在自己身上，在不断阅读中感受丰富与深远。

学习与实践的重要性

我懂得了学习的重要性。鲁滨孙之所以能生存下来，跟他善于学习有很大关系。他醒来后，凭借丰富的水手经验将重要的物资从大船上转移到小岛上，比如弹药与工具。他对环境有敏锐的认识，每次都深思熟虑，事后都会化险为夷。

书中有两个细节可以证明：一是他在林子里发现了以前在巴西见过的"铁树"，非常坚硬，他将它做成了铲子，这个工具发挥了巨大的作用；二是他小时候喜欢在藤器店看人家编藤器，有时也上前搭一下手。他学会这门技术，在荒岛上编篮子——用它们装稻谷、麦粒。

自始至终，鲁滨孙是一个热情的实践者。"我就是这么一个人，只要把一件事想得很多，很透彻，就会一鼓作气地干下去，不达目的决不罢休。"环境非常不利，但他巧妙利用自己的优势，不断地琢磨与改进自身，提高自己的适应能力。小岛就是一座练习场，他在积极练习中发展创造力，建立王国，重建文明。

电影《荒岛余生》讲了一个现代鲁滨孙的故事。汤姆·汉克斯主演的美国联邦快递公司员工，在一场飞机失事中，被困在一座小岛上。他历经万千磨难重回现代社会。在一次聚会后，他拿起打火机，点着，熄灭，点着，熄灭；回到房间，开灯，关灯，开灯，关灯——反反复复放大了他对现代文明的感受。

如果文明弃我们而去

如今，我们每一天都享受着文明的支撑。假如有一天，这个文明弃我而去，我到底能不能活下来？显然，鲁滨孙的故事给人慰藉——他会打猎、种植、养殖，解决了食的问题；他造房子，做家具，解决了住的问题；他用兽皮做帽子，做雨伞，做皮衣皮裤，解决了衣的问题。

罗兰·巴特说，如果所有学科都被查禁了，仅仅是一本《鲁滨孙飘流记》，我们就可以重建人类所有的文明。

漫长的时间里，鲁滨孙没有同伴，无法排遣孤独，内心一直处于焦灼、恐惧甚至绝望之中——"一想到自己陷在森林、山脉、荒沙之中，被囚禁在无边无际的海洋中间，被抛在荒无人烟的野地，我感到如同五雷轰顶，半晌说不出话来。我像孩子似的，绞着双手，痛哭流涕。"

与此同时，我也看到他在不断自我安慰，发挥理智的作用。他先列出自己的劣势与优势，然后得出一个结论——不管情况多么糟糕，只要比较一下环境的优劣势，总能找到聊以自慰的东西。于是，他着手改善自己的生活条件，让自己过得舒服一些。

　　最可怕的是要面对内心的孤独。影片《荒岛余生》中，主人公那深入骨髓的孤独感贯穿始终。在荒岛上，他将一个排球命名为"威尔森"，与它说话，述说心事，"威尔森"成为他的精神支柱。鲁滨孙呢，他教鹦鹉说话，与猫狗做伴，驯养山羊，在艰苦的环境中寻找精神的寄托。

　　鲁滨孙坚持阅读与写日记。很幸运，他在日日祈祷与反思中，坚定了内心的信仰，获得了心灵的宁静。

　　"我经常怀着感激之心坐下来吃饭，敬佩上帝的好生之德，因为他竟在荒野中赐以我丰富的饮食。我已经懂得去注意我的处境中的光明的一面，少去注意它的黑暗的一面；多去想到我所享受的，少去想到我所缺乏的。这种态度有时使我心里感到一种衷心的安慰，简直无法用言语表白。"

　　自我沉思，写日记，与内心对话，鲁滨孙也越来越坚定，没有停止对环境的探索，没有停止精神的成长，最终绝处逢生，迎来命运转折的契机。

　　这本书，女孩子也要读哟。如果我在中学时代读到，该有多好啊。

老爸

布鲁克林的星光

——与孩子聊《布鲁克林有棵树》①

孩子：

今晚作业多，你看上去有些烦躁。我给你讲一个小女孩的故事吧。

---

① 《布鲁克林有棵树》，［美］贝蒂·史密斯著，方柏林译，译林出版社，2009 年。

她叫弗兰西，出生在纽约布鲁克林区一个贫穷的移民家庭。当时经济大萧条，他们处于社会最底层，生活贫寒；父亲不能挣钱养家，母亲打零工，姐弟俩捡废品换取零用钱。一家人靠微薄的收入勉强度日。

阅读就是自我教育

生活一贫如洗，唯有书籍让她忘却身边世界。她热爱阅读，小小的图书馆是美好的天堂。星期六下午，她会拿着借来的书，坐到太平梯口，藏在浓浓树荫里，看书，做白日梦。

"就这样，她拿着一本书，守着一碗零食，独自一人在家，看着树影摇曳，任下午时光溜走，这是一个小女孩所能达到的化境。她就这样看着书，与世界和谐共处着，心里头快乐着。"

这种单纯的快乐，令人热泪盈眶。

阅读是自我教育，它让人有尊严地生活。弗兰西不愿像街头那些小孩子浑浑噩噩地活着。她是一个主动学习者，中学毕业后自修大学课程，还学习缝纫与舞蹈。她内心敏感，还喜欢上了写作。

因为写作，困顿的生活披上一层玫瑰色的梦幻。她超越眼前逼仄的现实，驶向丰富的精神原野。一个孩子，通过持续教育，主动选择阅读与写作，就走上一条朝向自我不断更新的道路。中学时，她不顾老师的反对，焚烧掉那些华而不实的花哨作文。她的写作获得新生，面前的世界顿时广阔起来。

一条泥泞的小道

生活始终如同一条泥泞的小道，弗兰西们艰难前行。当时社会对待弗兰西这样的孩子，总有异样眼光。歧视、讽刺，甚至羞辱，无处不在。书中女孩乔安娜的不幸遭遇令人叹息。出身于底层的人一旦脱离贫困的处境，有时反而会羞辱和自己以前一样的人。小说中那位护士，出身也很贫寒，却附和势利眼的医生，辱骂穷人家的孩子。

同情与理解是稀缺的。弗兰西学会接受，更学会默然反抗命运。她坚强应对那些冷漠的医生，令人刮目相看。人可以受穷、受困，但不可无人格，无骨气。后来她的处境有所改善，还回到糖果店，给某个幸运的穷孩子一次摸中大奖的机会。译者说，人与人的差别，大抵就在这里。

家人们的正面影响

弗兰西的家人给她以正面影响，超越当下的贫困现实。

弗兰西的爸爸无正规工作，是个酒鬼，不能养家糊口。但在弗兰西眼中，他却是最好的爸爸——每晚都吹着口哨回家，在她有困难时总会出现在她身边。

书中展现爸爸非凡的想象力，特别是"悲壮"的出海，那么浪漫，出人意料。他过早地离开，成为孩子们心中永远的想念。在很多场合，弗兰西总会想到爸爸。毕业典礼上，她收到爸爸离世之前写好的卡片，令人感动不已。

爸爸不在了，弗兰西却可以从别人身上看到他的影子，并思考生活的意义。生活苦难重重，她在沉思中一点一滴地塑造思想，磨砺人格。外在的打击一次又一次否定了弗兰西，包括她的感情受骗。可贵的是，弗兰西一直遵从自己的内心——她沉静有主见，一天天成熟起来。

弗兰西与爸爸最亲，但最懂她的是妈妈。妈妈是坚强的女人，独自撑起一个家，对弗兰西影响巨大。这位女人，在丈夫过世后，不接受别人的施舍，不受嗟来之食，不抱怨生活，有尊严地活着。

弗兰西不喜欢喝黑咖啡，最后总是把咖啡倒掉。姨妈觉得很浪费，但是弗兰西的妈妈凯蒂很尊重弗兰西，解释说："我们这样的人家，偶尔能有点东西浪费也不错。"她不以世俗的标准来评判孩子。身在贫困之中，心灵却相对自由。在成长路上，她始终是弗兰西的坚强后盾。

妈妈听见弗兰西的"爱情"遭遇后，内心的独白击中所有父母的心。是的，孩子在小时候，谁想伤害她，父母会跟别人拼命，尽全力保护。可是终归有一天，他们会走出去，痛苦会找上门。当弗兰西向她咨询人生中第一个关口时，她口中的"两种真相"的作答也令人动容。这是一位勇敢的母亲，更是一位诚实的母亲，始终不做任何道德评判，而是提出几种可能，让孩子自己去决定。

我特别喜欢不识字的外祖母玛丽，她是个智慧的女人。她让弗兰西的妈妈给弗兰西读莎士比亚，读《圣经》——"孩子得有想象力。想象力是无价的。孩子拥有一个隐秘的世界，里头住着从来不存在的东西。她得相信，这很重要。她先得相信这些不属于人世的东西。这样一来，等世道艰难了，孩子就可以回去，住到想象里头……"

书中还有一些个性鲜明的人物，值得细品。我们无法从一个维度来评判某个人物，比如艾薇姨妈。这就是阅读小说的乐趣。阅读时，请你代入思考——如果我是弗兰西，面对人生中若干大小问题，我将如何不被环境吞噬？我如何飞越肮脏的泥泞，在黑夜里自由歌唱？

你也可以做一份阅读清单，将主人公遭遇的种种困境一一罗列出来，附上她的解决方法或内心独白，也附上你的想法。这样的阅读或许更有收获，比一份普通的读后感好。你能获得一种真切的力量，理解自我与社会、与家庭真实的关系。

布鲁克林有棵树，树倒下去，重新生根生长，又蓬蓬勃勃地向着天空生长起来。孩子也一样，每一天都朝着未来奔去，一天天地长大。有些东西是无法停止生长的，比如希望，比如勇气，比如生存的信念。

在新年的夜晚，妈妈说，为希望干杯。他们爬上屋顶，布鲁克林的夜空布满星光——

"夜色醉人，空气清凉。没有风，空气寒冷而安静。闪烁的星星低垂在天幕下。满天的繁星，将夜空衬托成钴蓝色。没有月亮，可是星星比月亮还要亮。"

《布鲁克林有棵树》后来被拍成电影，有时间找来看一看吧。

祝开心！

老爸

觉　醒

——与孩子聊《记忆传授人》①

孩子：

　　我花了几个晚上，看完你推荐的《记忆传授人》。这本想象力超凡的科幻小说，的确很吸引人。我和你妈妈都喜欢看科幻电影——天马行空的想象，高度发达的科技，脑洞大开的故事，还有跌宕起伏的人物命运，这些元素都紧紧抓住观众的心。

　　科幻小说或电影是人们虚构的，它大多存

① 《记忆传授人》，［美］洛伊丝·劳里著，郑荣珍译，河北教育出版社，2014 年。

在于未来某一时刻。虽是虚拟的，但人们能看见一种真实的存在。未来世界的不确定性，引发一些值得深思的话题，如生存的危机、个体的困境、人性的考验，等等，迫使人们停下脚步，审视当下的生活。

读科幻小说，我们要透过荒诞的情节去思考人的处境，与书中人物同命运共呼吸。

是否存在一个"理想"的社区

在这个故事里，没有什么机器人、外星人，而是虚构了一个"理想"的社区。

为了确保庄稼有个好收成，这里四季恒温，甚至不需要阳光与雨雪。

为了避免可能出现的痛苦，人们选择了集体无记忆——没有饥饿、战争、伤痛的记忆，将一切记忆留给记忆传授人，由他来承担，以便在适当的时候给予智慧的建议。

从孩提时代开始，人们的一生就被安排好了：一岁接受命名，四至六岁全都穿扣子在背后的外套，七岁穿胸前有扣子的夹克，九岁可以有一辆自己的自行车，十岁都要修剪头发。孩子的一举一动被密切关注，在十二岁庆典上将获得一个指定的工作。

为了达到高度一致性，最高领导机构长老会精心设计——

首先，从思想上控制每一个人。人们从小受的教育就是必须用精准的语言，很有礼貌地道歉与接受道歉。乔纳思从记忆传授人那里懂得了"爱"，回家后问爸爸是否"爱"他时，引起了大人的不满。妈妈指出用"爱"这个字不恰当，用语不准确，社区没办法好好运作。这是为什么呢？因为语言是思想的外壳，丰富的语言背后就是丰富的思想，而个人思想是抵制统一的武器。长老们从内心深处畏惧这种看不见的力量，一再严禁人们撒谎，严禁用笼统的字词。

其次，制定种种法则，促使人们日常行为标准化。包括一年一度的升级典礼，公共场所的准则，家庭内成员的分享制度，内化为一种群体约定。人在群体性的生活中容易放弃个人思想。如果一个人违规达到三次，就只有"解放"这条路了。而"解放"，就是安乐死。

别忘了，还有一招：药物控制。乔纳思生命中第一次出现"激情"，有爱的冲动与渴望时，被告知必须每天服用小药丸来"治疗"这种"头昏"。而所谓的"激情"涌现，正是个人意识初步觉醒的时刻。长老们必须从源头遏制。

人们没有选择权，到规定时间，每个家庭会领到一个孩子，这个孩子由孕母所生。乔纳思与他的父母、妹妹并没有血缘关系。家里没有亲情，只是走程序式地过着一成不变的生活。人们也一样，住同样的房子，吃同样的食物，过同样的日子。

长老们打造了一个没有痛苦、没有嫉妒、没有怨恨的社区。人们遵守规则，服从分配，彬彬有礼，经常互相道歉。

这样的社区，你用了三个词评价——无聊、乏味、平淡。你还说，人们看似衣食无忧，可是自己的生活都是被别人安排好的，这样的人生多单调，个人感受被剥夺了。你敏锐地发现了这个世界的异样——在一个没有色彩的地方，缺失了自我，也缺失了爱。

乔纳思的自我觉醒之路

主人公乔纳思被任命为新一代的"记忆传授人"。

乔纳思是如何找到自我的？没遇到记忆传授人之前，他只是个普通人，懵懵懂懂地活着，和大家没多大区别，只是偶尔能感受到稍纵即逝的鲜艳的色彩。到时候申请配偶，领养孩子，认真工作，过单调的生活。

遇到记忆传授人，他的生命一点一点觉醒了。他从记忆传授人那里接收到雪的记忆，风的记忆，四季的记忆，颜色的记忆，战争的记忆，灼痛的记忆，家庭的记忆，爱的记忆……他在承担那些记忆的同时，领会到真实世界的不完美，痛苦时常撕扯他的胸膛，但他在痛苦中看清世界的真相，体验到真实的人生，学会了爱与怜悯，在质疑中成长起来。

黑暗中，点上一支蜡烛，整间屋子就会装满光明。

觉醒后的人生有三种走向。第一种，如前一个记忆传授人萝丝玛丽，受不了真相而主动选择了自我灭亡——这是悲剧；第二种，继续维持现状，做好记忆传授人，一个人默默承担下去——这是隐忍；第三种，如书中的乔纳思，带着小加波，忍受极大的痛苦，逃离这个世界，努力将记忆还给人们——这是勇敢。

在根据小说改编的电影《记忆传授人》的结尾，乔纳思成功了。他越过了记忆边界，记忆如潮水一般涌向社区，所到之处，立即镀上了一层绿色的光芒，生机无限。人们的眼中先是错愕，随即有了神采。

我更喜欢书中的结尾，它没有点明乔纳思的逃亡行动是否成功，而是给读者留下思考、想象的空间——

"穿越广大的时空，乔纳思仿佛听见他远离的那个地方也响起了美妙的音乐，不过，也许那只是回音罢了！"

从某种意义上说，乔纳思已经成功。他完成了真实的生命，自己做主，活出痛楚而真实的自我，而不是像木偶一样过完一生。

两千多年前，哲学家柏拉图在他的名著《理想国》中提出"洞穴寓言"：囚徒们住在一个洞穴内，只能看到眼前的墙壁，他们认为那就是生活的全部。后来有个人走出了洞口，回来后告诉他们外面有一个更大的世界，却给那个觉醒者带来更大的痛楚——之前对世界的认知被彻底推翻了。

柏拉图在试图诘问世人：我们到底应该走出洞穴，还是回到洞穴呢？

读了这本书，我想你心中应该有一个答案吧。

谢谢你的推荐。

老爸

像树一样笔直地活着

——与孩子聊《在自己的树下》^①

孩子:

　　还记得那次国旗下讲话吗? 老爸与全校孩子聊"读书"——

---

① 《在自己的树下》,［日］大江健三郎著,秦岚、刘晓峰译,南海出版社,2004 年。

刚刚过去的一年，你过得好吗？你是怎么度过的？每天按时起床，匆匆忙忙吃完早饭，背上沉甸甸的书包，然后到学校，上课，做作业。周末参加这样或那样的兴趣班，心里一直盼望寒假或暑假的到来。是不是呀？

今天，潘老师请你思考一个问题：你为什么要上学呀？爸爸妈妈有没有这样说，一定要好好读书，将来要读好的大学，要找一份好的工作。爸爸妈妈说得不错，但是你有没有认真地想过这个问题：小朋友为什么要上学呢？

昨天，我问了一个小朋友，她说上学为了学知识。是的，我们是要学很多的知识，懂得很多的道理。不过，潘老师想问，我们学那么多知识，懂得那么多道理，上多么好的大学，进多么好的公司，是不是就是我们人生的全部意义？

潘老师这样说，你可能还不明白。我觉得小朋友也要想一些大问题。日本作家大江健三郎也在想这个问题，他认为重要的问题即使折磨人，也只能认真去思考，并且这种思考是一件很有意义的事情。

孩子为什么要上学

他的儿子叫光，小时候得了一种病，不愿意开口说话。他们都不愿让光去学校，生怕他受到伤害。但是，这个连大人都难以回答的问题，光却自己找到了答案。光去学校不久，就与一位同样有残疾的同班同学成为好朋友，他还帮助这位比自己还弱的小伙伴上厕所。能对朋友有帮助，这件事情对于在家中完全依靠母亲的光而言非常新鲜，且意义重大。后来，光在与小伙伴的相处中，喜欢上音乐，对他来说，这是开启内心，并向他人传达的唯一语言。

光与小伙伴、好朋友的相处，让大江健三郎也悟到答案："不仅仅是语文，还有自然科学、数学、体育、音乐，这些都是深刻了解自己、与他人交流的语言。还有外语，外语也有同样的功用。为了学习这些东西，无论在任何时代，孩子都是要去上学的……"

哈，这位日本作家的话说到我心坎里。今天与你聊的这本《在自己的树下》是他的自传性随笔集。他与孩子们讲述自己的童年——上学、逃学、生存以及学习方法等。他与孩子们真诚交流，成为他们的好朋友。与其说写给孩子们，不如说他面对着一个树洞，喃喃地说给自己听。

自己的树

你小时候喜欢听我讲绘本故事，故事本身就很神奇。大江健三郎的祖母给他讲的故事中，有一个叫"自己的树"："那树在林子的高处，山谷中的每一个人都有一棵属于自己的树。人的魂灵从自己的树的根，也就是树的根部那里出来，走下山谷钻到刚降生的人的身体里去。所以呢，人死的时候只是身体没有了，那灵魂呢，要返回到树根去的。"

如果进了林子里，无意中站到"自己的树"下，年长的自己会和年幼的自己相遇——如果年幼的自己问"你是怎么活过来的"，年长的自己该何言以对？你像树一样笔直地向上生长吗？

每个人都有一棵自己的树，都要面对这些终极问题。

关于生死，我在书中看到完美的回答。大江健三郎小时候有一次病重，他问妈妈自己会不会死去时，妈妈坚定地宽慰他："你就是死了，我也会再生你一次。我会把你曾做过的事情说给新生的你听，这样，两个孩子就一模一样了。"这是慈爱温暖的妈妈。

父亲在世的时候，大江健三郎对父亲有些不满意，这仅仅因为父亲总是在一味地泼冷水。课堂上，当时日本的老师大力宣扬军国主义，而父亲则提出相反的论点供他思考，让他无力反驳。这是成熟睿智的父亲。

若干年后，大江健三郎再回忆，对父亲已无怨气，而是怀念。他由此认为，小孩都是由"保守"走向"进步"的。"保守"是因为一味听从大人、依赖大人，而当孩子开始对自己所处的状态重新审视，开始一点点自立的时候，就会一天天"进步"起来。

你看，大江健三郎从父母那里获得爱的力量，并把这种力量传递给他的孩子——光。

最有教育意义的是形象

对孩子而言，最有教育意义的是形象，而非空洞的话语。在人生的某些时刻，形象会蹦出来"说话"。作者小时候最想成为的人是学校的一个年老的勤杂工，是因为他保护了女学生不被山犬伤害。还有一次，发大水时，作者目睹一个女孩子勇敢地从一个屋顶跳到另一个屋顶，那一瞬深深地烙印在他的脑海里。以后，当他读到萨特的作品中屡屡出现的"选择""尊严"时，就会想到那个少女。

作者的读书方式颇有趣。他在田间的大树上搭了一个小屋，在那里读难读的书。他认为，不管什么样的书，如果读上十页，要是不读到最后的话，会是一种耻辱。——每当我读书读不下去的时候，头脑里就会冒出这句话来。长大后，他上电车时总会带一本难读的书。小时候，他喜欢抄书。这一点，我和他很像。

孩子，读大江健三郎的成长经历，我们可以看到一个孩子的成长与过去、现在、未来发生着积极的联系——"就是长成了一个大人，你现在内心所拥有的一切也一直被保留下来啦！只不过这一切通过学习、通过经验的积累得到了伸展。今天的你与长大成人后的你一直相连着，与在你身后的从前的人们相连着，也与你长大成人后还在你前方的未来的人们相连着。"

　　国旗下讲话的最后，我这样勉励全校孩子：这个世界上有很多大人，好像什么都懂的样子，那都是骗人的。如果有活到老学到老的想法，那就有无限的可能性，失去好奇心的那一瞬间，人就死了。读书，不是为了考试，而是为了成为出色的大人！

　　其实，这段话来自《女王的教室》——一部日本电视剧，好巧啊！

　　　　　　　　　　　　　　　　　　　　　　　　　老爸

一条爱的河流

——与孩子聊《幸福的种子》[①]

孩子：

　　考考你，是否还记得下面的故事——

---

① 《幸福的种子：亲子共读图画书》，[日]松居直著，刘涤昭译，明
　　天出版社，2007 年。

狼大叔想吃大母鸡，在扑上去的时候，突然脑筋一转：何不将它养得胖胖的再吃？于是，狼大叔天天晚上做好吃的送到母鸡的门口。等最后一晚快行动时，狼大叔被母鸡拉进门内大大地感谢了一番……狼大叔回家的时候都蒙了：这是怎么回事？要不，明天我再给这些小家伙们烤一百个香甜的小饼干吧！（《狼大叔的红焖鸡》）

那个小兔子一直在嚷着它的爱比妈妈的多，可是它的手臂长度、它跳起的高度远远不如妈妈。无论怎么样，妈妈的爱要胜过它千遍万遍。——"当你很爱、很爱一个人的时候，也许你会想把这种感觉描述出来。可是，就像小兔子和大兔子发现的那样：爱，实在不是一件容易衡量的东西。"（《猜猜我有多爱你》）

还有那个爱逃家的小兔子，无论走到哪里，妈妈都会把它乖乖地"抓"过来。"你是妈妈的小宝贝啊。"妈妈在讲的时候，话语是软软的、甜甜的。（《逃家小兔》）

这一路上还有勇敢的小妞妞，倔强的犟龟，淘气的菲菲猫，善良的花婆婆，活了一百万次的猫……它们在书中好好地生活，好好地爱着。它们构筑了一个美好的世界。

每个宁静之夜，我们探访这个迷人的世界。我轻轻地读，你静静地听。我能感受到你内心的兴奋。"生命最质朴的感受，就是从心底最深处涌出强烈的、跃动的、无法压抑的喜悦。"一则故事就是一把钥匙，它在你面前打开了一扇扇神奇的大门。

窗外黑暗一片，而我们这个小小的家，比其他任何地方都要明亮。

每一本图画书都是种子

"日本图画书之父"松居直说："我认为大人不应该将图画书当作帮助婴儿成长的工具。图画书应该是一座桥梁，让大人通过图画书向婴儿说话，或通过亲子间的交谈，让大人和孩子都感受到对方的爱。"

共读绘本，正如乘着方舟在爱的河流里前行。

在《幸福的种子》这本书中，松居直特别看重温度与力量。在序中，他就直言：幸福到底是什么？不是"用心读书—获得好成绩—进好学校—找好工作—安定生活与良好地位"的标准化的成长阶梯。人活着的意义是什么？在一本又一本的故事书中，已经用不同的方式把答案说得一清二楚了。

我认为每一本图画书都是一颗种子，在孩子们的心里播下真善美，日后一定会在生活中开出美丽的花朵来。——这些花朵就是活着的意义、成长的意义。

你的童年没有电视相伴，我们家的客厅是没有电视的。书中直言，一个家庭若整天开着电视，充斥着机械平板的语言，就会给我们的生活空间带来"暴力性"的影响。学会关电视，父母时常手里拿着一本书翻阅，孩子怎么可能不喜欢读书？

孩子成长的动力

在阅读中，温柔的词句、甜蜜的语言如爱的清泉淙淙流进你的心田。松居直说："我认为孩子读完一本书，会发出深深的叹息，眼中闪着光，是最有意义的。我相信，这时的幸福和满足将成为孩子成长的动力。"

我在你的感染下，也会有一种快乐的体验。有一次，你说，爸爸不要读字。之后我在给你讲故事时，常常用自己的语言，将文字转换成小孩易懂的话语，与你的生活经验发生联系，让你能将故事想象成画面。这样，你渐渐懂得语言的含义。我再读文字，你也就喜欢了。

希望你明白，在父母与孩子的交往中，精神的沟通相融才能抵达彼此的生命深处。

正如松居直说的那样："念书给孩子们听，就好像和孩子们手牵手到故事国去旅行，共同分享同一段充满温暖语言的快乐时光。即使经过几十年，我们仍然以自己的方式，将这些宝贵的经验和美好的回忆珍藏在内心深处。"

这么多年，你渐渐长大，而这些美好的故事也一直在心灵深处吧。家里的那些图画书，一直有温度。它们是你童年的朋友，也是你一生的伙伴。

我相信，你的一生有好书相伴，不会孤独。

这本书是指导大人如何带领孩子走进图画书的世界的。如果你有兴趣翻一翻的话，你会更加感觉到图画书的魅力，明白背后的深意，还能在书里会一会你的童年。

孩子，将来你成为母亲，不要忘记念书给你的孩子听，将这种温暖传递下去。

老爸

如此愉悦，如此悲伤

——与孩子聊《步履不停》[1]

孩子：

    周日上午，你接受我的邀请，与我到湖边散步。湖面
漾起细细的波纹，阳光在上面欢快跳跃，如碎金子闪烁着点

---

[1] 《步履不停》，[日]是枝裕和著，郑有杰译，北京联合出版公司，
2017 年。

点光芒。我们凝望眼前的湖水，看着秋天瘦瘦的树，谈论对面正崛起的大楼。你在前面独自散步，我拿着手机拍拍拍——秋天的叶，秋天的花，深沉之中又透着一股明丽。

这一刻，真希望时光能慢些，再慢些。

但是哲人临水而思："逝者如斯夫！不舍昼夜。"时光匆匆向前，每一分每一秒都在流逝，有谁能挽留得住呢？我突然想到日本电影大师是枝裕和的影片《步履不停》——夏日里明亮的阳光，长长的小道，树叶在微风中轻轻晃动，蝉声如雨。画面偶尔定格，只觉浓浓绿意扑面而来。

生活的日常韵味

这几天拿到小说《步履不停》，细细品味，感觉小说更加细致，文字尤为动人。全书以主人公良多的口吻记叙一天的经历，不时穿插儿时记忆与之后发生的事情。这样将过去、现在、未来有机地糅合在一起。在因果循环中，我们看一个人的命运，不是孤立地立在某一个点上，而是在不断地流动中逐渐立体起来。——他的身上既有过去的影子，又有未来的先兆。

四十岁的中年男子良多带着新婚的妻儿到乡下老家，参加大哥纯平一年一度的忌日纪念。姐姐一家也同去。影片一开始就展示出细细碎碎的生活日常，母女俩在厨房忙着切萝卜，聊家常。门口有母亲每天的插花。良多回来后，一起剥玉米，炸玉米饼。母亲一边忙碌一边诉说往事，香味传来，所有人围坐在一起，边吃边聊。

宁静的小院，艳丽的百日红，沁凉的麦茶，红红的西瓜，美味的顶级寿司……一家人的美满生活不就是这样吗？是枝裕和善于抓住日常生活中的细节，不动声色地展现生活的日常韵味，有着日式的平缓与温情，让人亲近。影片中，孩子们的欢笑声让夏日更有活力，隔着屏幕似乎都能闻到玉米饼的香味。

家庭的隐伤

大海表面是平静的，深处却激流暗涌。欢笑背后，一些隐隐的哀伤小心翼翼地浮出水面。良多有一个非常优秀的哥哥纯平，十五年前为救一个溺水的孩子不幸身亡，这是全家人心中的伤痛。母亲执意要那个被救的孩子每年来祭奠，就是因为放不下心中的结。书中多次写到的纹黄蝶，展露了母亲的孤独以及无处安放的思念。

在父母眼中，大哥无疑是最出色的。这无形之中给良多带来压力，甚至阴影。他小时候也梦想当医生，像父亲一样。但小孩子很难按照父母的期望成长。他最终选择了美术事业，是因为美工成绩比哥哥好。这么多年来，他一直在极力逃避这个家。刚刚失业，生活贫困潦倒，他最怕每次见面父亲的那句话——"工作如何？能糊口吗？"

书中多次写良多与父亲的正面冲突。父亲是一位热爱工作的医生，原本希望大哥能继承这份事业。他性格倔强，长期忙于工作，疏于与孩子沟通，一直圄于自己的小世界里，活得严肃，不可接近。他在世时与妻子争吵不休，互不理解。

母亲热爱生活，喜欢插花、编织毛衣和手工。她对孩子的爱令人动容。但对于良多而言，这种爱让他特别不舒服——"曾经，母亲的一举一动，都只让我觉得她好施小惠而令我心烦。"

亲情是一个复杂的课题

这样的感觉，只发生于父母还健在时。

就在那一天，他注意到家里的浴室里新装了把手，因为父亲刚刚摔倒过；就在那一天，他看到父亲不知所措的背影而第一次感到心酸；就在那一天，他上车了，突然想到母亲问的相扑选手的名字而没能告诉母亲……

到最后，他也没有和父亲去看足球，也一次都没让母亲坐过他的车。

"正是因为这一天，我第一次感觉到父母不可能永远都像以前一样。这是件理所应当的事情。但即便我眼看着父母年华老去，我却什么都没有做。我只能不知所措地远远看着同样不知所措的父母。"

亲情是一个复杂的课题，理解父母是一个漫长的过程。直到那一天，所有的隔阂与误解，都在时间的河流里稀释了，在风中飘远了，剩下的是和解、宽容以及最后的悔恨——

"人生，总有那么一点来不及。那就是我失去父亲还有母亲之后，我最真实的感受。"

是枝裕和在另一本书《有如走路的速度》中提及，有一次与母亲说"再见"的时候，望着她的背影，心头忽然涌起莫名的不安：说不定这是最后一次和母亲一起吃饭了。他目送母亲的背影消失在人潮中。遗憾的是，那预感成了现实。

"'没能为母亲做些什么'——电影《步履不停》就始于这股悔恨，所以我反而强烈地想把它拍成一部明朗的电影，不是讲述母亲走向死亡的过程，而是撷取她生命中的瞬间，并把家庭记忆中的阴翳收藏进这一刻，就像最后一次目送母亲的背影那样。"

如此，你才会读懂作者最后的话："然后想起母亲，可能会哭，也可能会笑吧。"

合上此书，我不禁想起与你爷爷在乡下散步的日子。我们经常在周六的午后，沿着田埂，穿越村庄。我们边走边聊，那时爷爷五十多岁，不像现在这般苍老。

春天未完全铺展开来，但目光所及之处都是新绿。麦田里绿意正浓，一天多似一天。杨柳爆青了——一棵外皮裂开了口的粗壮树木上，纤纤地伸出柔韧的嫩枝，新生的叶子惹人生怜。天地万物，周而复始，生生不息。"一代过去，一代又来，地却永远长存。"

一代过去，一代又来。人生路上，唯有步履不停。

老爸

时间之花开在你我心里

—— 与孩子聊《毛毛》①

孩子：

初看春花红，转眼已成冬。前几天下了一场雪，空气中有一股凛冽的寒冬味道。今天阳光很好，一束束明亮的光线透过玻璃射进屋内。爆竹声阵阵，年的脚步很近很近了——别忘了，今天是除夕哦。

嗨，这一年，你过得怎么样？

有时，我凝视办

---

① 《毛毛》（新译本），［德］米切尔·恩德著，杨武能译，二十一世纪出版社，2013年。

公桌上你的照片出神——你八岁在扬州茱萸湾公园，独自登上高高的台阶，扭头羞涩一笑——满目的绿哟，身着粉色衣服的你，特别显眼。

真想问一问那个小孩：嗨，这些年，你过得怎么样？

如果说时间是一条河，你听到了它流淌的声音吗？

一个叫毛毛的小女孩

有一个叫毛毛的小女孩，在偶然的机会下，她听到时间之花在内心开放的声音。时间之花，是她从未见过的美丽的花朵。它是那么闪亮，又是那么脆弱，因为花瓣每时每刻都在绽放，也在凋谢。一朵朵绽放，一朵朵凋萎，极像我们的光阴，那么珍贵，又那么易逝。

你看，一转眼，你都快十五岁啦！

这个故事，你在小学时读过。有时，我觉得你也像毛毛，因为你特别安静。毛毛身上就有这股力量。故事一开始，人们喜欢到毛毛这儿来倾诉，因为毛毛善于倾听。她唯一富有的东西就是时间。

"有时候，朋友们晚上都回家去，她仍独自久久地坐在巨大、古老的圆形剧场的石头看台上，仰望着头顶星光灿烂的夜空，倾听着宇宙的无边宁静。不一会儿，她就觉得自己仿佛坐在一个巨大的耳轮中间，通过这个耳轮，她能听到宇宙空间里千万种神奇美妙的天籁。真的，她仿佛听到一阵阵轻盈缥缈却雄壮有力的乐音，极为奇异地直接注入了她的心房。"

毛毛心无杂念，内心有一个宇宙，安静地倾听着世间万物。于是，人们纷纷到露天剧场寻求安宁。

灰绅士带来了什么

后来，灰绅士出现了，他们是"时间窃贼"，窃取了人们的时间，也蚕食着人们的情感。人们的脚步变得匆忙，很少再到毛毛这儿来倾诉。他们在追赶时间，他们在节约时间。节约下来的时间不是用在关心身边的人，而是要追求更高的效率，创造更大的成果（财富）。

在灰绅士眼里，生活中唯一重要的，就是看你取得怎样的成就，成为一个怎样的人。谁成就比别人大，地位比别人高，财产比别人多，谁就会自动地得到其他一切：友谊啦，爱情啦，荣誉啦……

这是现实的隐喻。"灰绅士"其实一直像寄生虫一般潜伏在我们的体内。要想得到更多的物质，享受更好的生活，就得把时间花在追求世俗的成功上。你将不再关注内心的需求，渐渐丢失倾听自己内心的能力。

正如作者米切尔·恩德所说的那样："他们的生活正变得越来越贫乏，越来越单调，越来越冷漠。"人们得了"百无聊赖"症——"你忽然什么都不想干，对一切全失去了兴趣，人便逐渐萎靡不振，可是这种厌烦情绪不会自动消失，而将长期存在，并且与日俱增，一天一天、一周一周地更加恶化……"

现在的"百无聊赖"还表现在：科技改变了我们的生活，丰富的信息、迅捷的网络、方便的交往、各种令人上瘾的游戏或短视频让每个人都不容易感到孤独，可是也让我们少了许多静静地面对自己的时间。人们陷入了越丰富，越贫瘠，越孤独的困境。

毛毛的爱

当下读《毛毛》，有更深远的意义。

我们小时候是没有时间的概念的。村庄的人们日出而作，日落而息。如今，时间是稀缺商品，是具有决定性意义的竞争因素。在当今社会，竞争激烈，"内卷"严重。虽不愁吃穿，人们反而焦虑、忙碌、劳累，老朋友难得一见，邻里关系也日渐疏远。

"天下熙熙，皆为利来；天下攘攘，皆为利往。"人们的时间被碎片化了，被灰绅士频频光顾。人们不得不拼命加班工作来赚更多的钱，以维持生活和消费的需要。人们以为能给生活带来意义，但没想到，他们没有时间来欣赏这种意义。

当人们有了时间，更多人愿意将之花在智能手机和社交媒体上，沉迷其中，与周围的人更远了。这些现代化工具，是不是现代社会的"时间窃贼"呢？这不得不令人警惕啊。

毛毛虽然是米切尔·恩德虚构的人物，却有一种真实的力量。她识破灰绅士的诡计——他们是一群没人爱的可怜虫。她关心吉吉与老贝波，关心那些小孩，把人们解救出来，让他们的时间充裕富足。她心中对朋友的爱，让她小小的身躯拥有着巨大的勇气，战胜了内心的恐惧。

时间是什么？米切尔·恩德告诉我，时间不是金钱，时间是生命，生命存在于人的心中。这一年，我过得太忙了。尤其是这一学期，人就像个陀螺一样，疯狂地旋转。我希望自己可以慢下来，能倾听时间之花在内心绽放的声音，能感受到时间的语言和歌声。——就像毛毛，站在那座巨大的、浑圆的穹顶之下，目睹绝美的时间之花，聆听宇宙万物对自己吟唱……

人生本有尽，宇宙永无穷。读到"时间之花"，我内心总是无言感动。

今日除夕，也是立春。"律回岁晚冰霜少，春到人间草木知。"新的一年即将开始，新的时间即将来临，新的故事即将上演。

亲爱的孩子，祝你新年快乐！

老爸

我要的一片天空更蔚蓝

——与孩子聊《海鸥乔纳森》

孩子：

我常忆起在乡下教书的日子。没有课后服务，下班早，我常常一个人散步。迈出校门，沿着门前的水泥路，一直向

---

① 《海鸥乔纳森》，[美]理查德·巴赫著，夏杪译，南海出版公司，2009 年。

东走去。我看着村庄渐渐沉入暮色中，农家的灯光一一亮起。返途中，小树林里的鸟儿不再欢腾，喜鹊也归巢了……

那些年，我疯狂地买书，藏书。每个夜晚，我在灯下阅读，一本接一本，笔记一篇接一篇。后来，我读到冯至的诗："给我狭窄的心／一个大的宇宙"，正是这样的感觉。

时过境迁。或许在别人眼里，我有些清高，有些另类。在阅读中，我是孤独的；在散步中，我是孤独的；在工作中，我亦是孤独的。我一边咀嚼孤独，一边享受其中。但是，内心一直有个声音——"我在这些黑暗的房间里度过了／一个个空虚的日子，我来回踱步／努力要寻找窗子。"（卡瓦菲斯）

一只与众不同的海鸥

那时，有一本书闯入我的生活，契合我的心境。它出现在一部影片里——《练习曲》。男主角明相开始七天的环岛骑行，他在路上偶遇了许多人，其中有一个家庭——那个中年男人，一边做飞翔的姿势，一边给孩子念课文……

"清晨，金黄色的太阳在海面上闪耀，千百成群出来觅食的海鸥，为了争夺一条小鱼或几片面包屑，一起尖声呼叫，互不相让。岳纳珊看了好不心烦，岳纳珊是一只海鸥的名字，他远远离开同伴，独自练习飞行，为了追求理想，忍受孤独，独自练习，还不怕别人嘲笑。他就是希望他能够飞得高，飞得远，飞得漂亮……"

这则故事来自《天地一沙鸥》，我读到的版本是《海鸥乔纳森》，岳纳珊就是乔纳森。

对于绝大多数海鸥来说，生活的全部意义就是每天争着抢着填饱肚子，然后在礁石上晒太阳，打瞌睡。而乔纳森不愿为觅食活着，一心只想飞翔。对他来说，飞翔远比吃重要。他热爱飞翔，胜过一切。

他的父母不理解他，不明白他为什么整日独处，成百上千次地苦练低空滑翔。母亲苦口婆心地劝说，难道像大家一样就那么难吗？父亲提醒他，滑翔不能当饭吃，会飞也不过是为了吃。

他试了几日，和别的海鸥一样努力争抢食物，却很快觉得没有意思。他又独自飞翔在遥远的大海上，虽然饥饿，但快乐地练习飞翔。在不断练习中，他走出自己的舒适区，突破自身的局限，在一次次的失败中领悟飞翔的真意。

少有人走的路

一旦选择了少有人走的路，意味着什么呢？

要面对质疑，要面对白眼。乔纳森被鸥群看作另类，遭遇放逐。但是，他对自我生命的探索永无止境。他独自练习，不断思考，不断进步。他爱他的孤独，他爱他的自由。他不想与谁进行较量，也不理会那些非议，只有一个目的：我能飞得有多高？

我无意否定那些海鸥，也无权要求每一只海鸥都像乔纳森一样。每个人都有权选择自己的生活方式，海鸥也不例外。但，生命的意义不就在于永不间断地拓展自身吗？生活的目的不就在于永不止息地寻找完美吗？

正如沙利文老师对乔纳森说："你想过吗？我们要经历多少轮回才能领悟，生命除了吃饭、打架和争权，还有更重要的事情？要经历千世万世，乔！然后，再过一百世，我们才知道有完美这件事。又过一百世，我们才懂得，生活的目标在于追求完美，并且示之于众。"

说这些话时，乔纳森已经来到一个全新的世界。在这之前，他远离鸥群，在孤独中飞行了好长一段时间。他历尽艰难，为了自由，放弃了许多，但生活又回馈他许多——他能潜海获得珍奇鲜美的鱼类，能在空中睡觉，能自如地飞越雾层，进入耀眼的晴空……

直到有一天，他遇到两只亮如星光的海鸥，他们一起飞离地球，升入云霄。在那天堂一样的地方，他继续刻苦练习，摆脱信念的枷锁，让天赋自由施展，而且浑身充满力量，不再孤独。

当你达到一定高度的时候，也会遇见和你一样高度的人。你们会有共同的语言，共同的方向。这里的两只海鸥和乔纳森心灵相通，对他们来说，生活中最重要的事就是执着于自己的最爱，并日臻完美。

后来，乔纳森听从内心回到故乡，面对误解与诅咒，他毫不在意，因为他有更大的使命，他要影响更多的海鸥，指引他们发掘自身的潜能，发现自由的真意，领悟生命的本质。

读完《海鸥乔纳森》，我仿佛寻找到一扇窗子：不管在怎样的环境里，生命的意义是自己赋予的。在人生道路上，必须努力。努力不是为了赢得别人的掌声，而是为了战胜自己，不断拓宽自身生命的边界。

另外，在光亮到来之前，有一份黑暗必须忍受，有一份孤独值得拥有。——在孤独中，你执着于自己的最爱，心无旁骛，刻苦练习，永不止步。一旦你活出了对生命的理解，生活的馈赠就会在不经意间来临。

你读六年级的时候，我将这本书推荐给你班上的同学。你们读了，不知道这本书有没有在心里扎下根？现在正是你们振翅飞翔的时候，请努力飞高一点。当你们越飞越高的时候，一定会超越命运的穹顶，迎来更加辽阔、更加蔚蓝的天空。

老爸

你要是驯服了我

——与孩子聊《小王子的领悟》[①]

孩子：

　　你读六年级时，我还带全班同学一起读《小王子》。这本温柔的小册子给予你很多感悟，在读书会上进行过多次

① 《小王子的领悟》，周保松著，上海三联书店，2018 年。

讨论——"孩子的世界为什么大人看不见？""什么叫'驯服'？""为什么本质的东西肉眼是看不见的？"……

一千个读者眼里就有一千个小王子，每个人读书都会有与众不同的理解。今天，我向你推荐香港中文大学周保松教授的《小王子的领悟》。一位大学教授从《小王子》中又读出什么呢？

"驯服"是建立感情联系

全书共 15 篇文章，涉及下列主题：梦想、爱、责任、童心等。其中"驯服"是全书的主题。"你要是驯服了我，我俩就彼此都需要对方了。你对我来说是世界上独一无二的，我对你来说，也是世界上独一无二的……"狐狸的话究竟是什么意思？

关于"驯服"，周保松先生有极为精辟的分析。小王子经历了一场初恋的危机，无法面对自己，无法面对玫瑰，不得不离开。之后，当他发现他的花儿并不是宇宙中唯一的一朵——他一直为拥有这份独一无二而自豪，于是他又陷入一场自我认同的危机。

"狐狸就是这时候出现的。"狐狸的出现很及时，它帮助小王子走出了危机。客观上不存在一个独一无二的玫瑰，聪明的狐狸没有从这个层面谈，而是让小王子从另一个角度领悟——一朵花，就算独一无二，如果你和她没有产生任何联系，没有建立任何感情，她的独一无二也是没有意义的。如果彼此驯服，就能体会到另一种意义上的独一无二——在一起的记忆与情感都不可复制、无法取代。

小王子终于走出危机，明白"驯服"的意义。他向五千朵玫瑰说出"因为她是我的玫瑰"，显得意义非凡。这次深刻的领悟，使他的生命内部发生了重大的改变，也推动了故事情节的转折。

如果你只是一朵普通的玫瑰

不过，你有没有想过这样的问题：如果你是五千朵玫瑰的其中一朵呢？

"你们很美，可是你们是空的，没有人会为你们而死。当然，我的那朵玫瑰，普通路人会觉得她跟你们好像。可是光她一朵，就比你们全部加起来都重要，因为她是我浇灌的。"

当你面对小王子无情的奚落，甚至羞辱时，你会不会也陷入同样的身份危机——

你是"空"的吗？

作者代入她们的角色去反驳小王子，小王子只是从自己的角度来衡量，缺少一份同情和理解。这里面还有运气的成分。可是觉醒中的玫瑰们如何面对自己的人生大问题——如何在生活中找到驯服的对象，并活出一种有驯服关系的生活？

作者提出解决方案：第一种方式，寻找值得你去驯服的对象，对方也愿意被你驯服——"这种双重自主性，加上生命的偶然性，使得一个人和另一个人在时空的某一点能够恰好相遇然后彼此驯服的概率，变得极小。缘分之难，即在此处。"

第二种方式，他拓宽了"驯服"这个词的内涵。我们不一定要将建立联系的对象局限于"小王子"身上，比如可以在一些有意义的事情上，甚至视之为毕生的志业。如此，玫瑰们就不必天天被动等待生命中的"小王子"，而是发掘自己的志趣，找到生命价值之所在。

我的生命，由我自己来驯服

令我为之一振的是，作者提出"自我驯服"的理念——"就是我们将自己的生命视为需要用心善待和建立联系的对象。通过感受自己的身体，聆听自己的内心，爱惜自己的人格，我们慢慢学习认识自己和爱护自己。"我的生命，由我自己来驯服。一个自我驯服的人，才容易得到别人的爱，如小王子。

自我驯服的人生是什么样？作者继续想象，小王子离开后的玫瑰，可能会活出另一番模样——她或许不会娇弱无助，反而独立自主。她可以用自己的生命，活出驯服的意义。这是作者的期许，也是告诉我们，自主的人，是自己人生的作者。生命是自己的，总要活出自己的模样。

　　作者进一步引出"驯服的，就是政治的"这个观点——良好关系的建立，与社会制度密切相关。他呼吁个人积极力量以及改变社会的可能。至此，"驯服"这个内涵又进一步扩大，上升到建构理想的公共生活。

　　这样，就能更好地理解作者最后的结语——"正因为世道黑暗人心无力，我们才特别需要梦想，需要信念，需要价值，也才特别需要学会驯服他人和活好自己。只有这样，我们才有力量好好走下去。"

　　书中还探讨了一些话题：梦想可以飞多远？什么是童心？狐狸的爱，是一种怎样的爱？小王子被毒蛇咬了之后，最后去哪里？现代人为什么孤独？相互理解到底有多大困难？生命归零之前，我们如何活好余生？

　　没有标准答案，这些话题会触发你的灵感，让你边读边思，收获另一种快乐。你可以留心作者的表达方式——他是如何从现象出发提出问题，引起读者思考，再联系生活层层论述，最后得出结论的；你还可以学习作者是如何围绕一个主题进行深入探究的。

当然，经典的书解读空间很大，周保松先生的解读只是其中一种。当你再一次捧起《小王子》，相信新的领悟会源源不断地涌现。

老爸

第二辑　这个世界会好吗

——生命中的大问题

这个世界也许没那么好

但也没那么糟

带着生命中的大问题上路

看清过去和未来的隐秘连接

世界是什么模样

——与孩子聊《给莉莉的信》①

孩子：

你有没有想过，世界是什么模样？

暑期，我读完英国艾伦·麦克法兰教授的《给莉莉的信》，这段时间又读了一遍。身为剑桥大学社会人类学教授，作者在这本书里运用丰富的学识和经验，从人类学和历史学的角度，向十七岁的孙女莉莉阐述世界的本源、人类的处境以及自身如何应对各种复杂的关系。

---

① 《给莉莉的信：关于世界之道》，［英］艾伦·麦克法兰著，管可秾、严潇潇译，商务印书馆，2006 年。

时代飞速发展，世界更是扑朔迷离。阅读此书，你会进入一个看似熟悉却又陌生的领域，思考复杂的人生问题。这本书的意义，正如序中所言："它将向你解释家庭、社会、爱情、友谊的奥秘，它将向你介绍什么是权力和暴力、宗教和巫术、经济和现代通信、身体和头脑，等等。"

"你是谁？"

一个孩子的成长，需要有人点拨与引领。而现实中，家庭和学校或许不能给孩子最有效的帮助。因为一般的成年人对世界缺乏宏观深刻的认识，受自身经验的局限，无法从高处给孩子以指引。在某种程度上，阅读就是一种补偿。

以第一束信为例，作者让莉莉思考"你是谁"，他从性别、种族、国籍等方面给莉莉定义，但又不止于此。作者在罗列种种身份后指出："你是一位世界公民，你与这个星球上的每一个人共享你的人生开端。"

我们所处的这个世界，乃是多种文化相互交融长期形成的——将自己置身在一个大的文化背景之中，知道这个世界的过去与未来，才不会将自己局限于一个又一个概念化的语词之中。

认识自己是谁，就会与周围的一些陈规保持距离，并意识到人类虚构生活的方式。人，是文化的存在，要相信并确立个人的价值，相信自己能理解与改变世界。

一开始，作者就让莉莉从一个大的层面来思考自我价值，并审视自我与世界的关系，帮助莉莉构建自己的认识体系，形成积极的自我暗示。这样的启发，是多么重要与及时。

什么是"友谊"?

我特别喜欢信中关于"友谊"的论断——

"友谊的精粹是平等。友谊绝不可以变成不平等的权力和馈赠，因为不平等是庇护关系的本质。一旦如此，友谊便遭摧毁。此外，相互喜欢、怀有共同兴趣、能分享感情和思想，也是友谊的根本。"

"与朋友交流的最妙形式往往是沉默。友谊不在说了什么，更重要的是不说什么。'信息'无需以话语传递时，便有真正的友谊显身。友谊所追求的，是达意于'字里行间'，一切尽在不言中。"

友谊，里面包含着平等、趣味、体验等若干积极的因素。它需要坦诚相待，需要惺惺相惜，需要分享与建设。真正的朋友，是"心有灵犀一点通"，是"此时无声胜有声"。所以，作者觉得朋友之间最妙的交流方式是沉默。

中国人强调"人脉"，其实还是将人看作一种工具，远离了朋友的本义。我们长大后，总会遇到形形色色的人。有的人留在心里，一辈子深交下去；有的人则是生命中的过客，走着走着就散了。

悲观种种

之后的章节，艾伦教授谈"暴力与恐惧""信仰与知识""权力与秩序""自我与他人"，等等。他并不揭示"道理"，而是从历史与人性的角度，向读者展示一幅幅场景，留下一串串思考。他阐述事实，从新颖的视角详细分析其变迁与更迭，在宏大的背景下描述人们的行为及其背后的原因，让读者自己去判断。

我甚至从他的话语中读出了悲观：

悲观之一：人类注定是暴力的动物，无异于地球上的一切物种。我们通过暴力获取食物，靠暴力获得保险和安全。暴力抓住了人心的恐惧，而恐惧感会异化人，使人成为狂徒。国家将暴力垄断，针对别国成为"战争"，而战争给人们带来灾难的同时，增大了走向中央集权国家的可能性，将自由平等的内核毁于一旦。

这恐怕是最大的灾难。人们有时候眼睁睁地看着暴力蔓延，无能为力。——"我们一不留神就会陷入一个无尽而有害的恐惧怪圈。"

悲观之二：教育并不能发展真正的人，知识会枯竭。我们一般认为，人通过教育获得知识，打开眼界，进行自主思索。但这里，作者并没有夸大教育的作用，反而对教育提出了质疑。教育是钳制思想的工具，它并没有鼓励独创性、怀疑精神和不同见解。人们都匍匐在书本的权威之下，靠死记硬背，而非真正的理解。

悲观之三：官僚制度的弊端。作者先讲民主政体并不完美，容易导致"大多数的暴政"。人们在社团组织中才能获得自由，并渐渐发展为开放的社会。社会的运转需要官僚制度，它是文明的一个得力工具，但它的机构越来越臃肿，又倾向于权力的中央化，容易滋生腐败。规则太多，事情变得复杂，做成事情太难，人们只好违规。这样的结果导致个人丧失主观能动性，压抑了创造力，甚至变得玩世不恭，浪费了时间与精力。

当然，作者不是悲观主义者，相比过去的时代，如今各方面都有很大的进步。尤其是个人的自由与权利得到充分的保障。在阅读中，我时常有这样的感觉——无论怎样，我是一个自由的人。

相信你也会有这样的感觉——"事实上，你，亲爱的莉莉，是一个自由的灵魂。"

孩子，以下几个问题你可能比较感兴趣，自己去探究吧：

人们为什么辛勤劳作？我们怎样在数字时代幸存？为什么世上有不平等？为什么要生孩子？什么使我们感觉愉快？自由从何而来？

北京大学钱理群教授说："想大问题，做小事情。"想想这些大问题，基于常识，反观自我，你的生命会拥有更广阔的背景，会有更开阔的心胸，让自己变得更好。

祝你早日发现世界的秘密。

老爸

历史学的力量

——与孩子聊《天朝的崩溃》[1]

孩子：

昨晚，我在朋友圈发了一条消息："孩子说，昨天作业多，想不起来是圣诞节。我也忘了准备圣诞礼物。今晚陪

---

[1] 《天朝的崩溃：鸦片战争再研究》，茅海建著，生活·读书·新知三联书店，2005 年。

她——一起背历史！"

你拿来整理好的历史提纲，我抽题，你回答。你不光要记住那些历史事件的人物、内容、时间、地点，还要牢记事件的"意义"——鸦片战争的意义、太平天国的意义、辛亥革命的意义、新文化运动的意义……意义复意义，意义何其多。

我当时也是这样学历史的。如今，"意义"早就被抛到九霄云外了，只有一些固定的概念，如林则徐是位民族英雄，清朝政府闭关锁国、腐败无能，等等。

在太多的意义面前，我们反而会失去真正的"意义"。学习的目的，就是要将外在的"意义"转化为内心深处的"意义"——这"意义"，是启蒙，是觉醒，也是行动。

关于鸦片战争，历史教科书只是寥寥数笔，篇幅不长，而且还省掉了一些环节。历史学家蒋廷黻在《中国近代史》一书中介绍战争之前的外交现状，得出一个结论：在鸦片战争以前，我们不肯给外国平等待遇；在以后，他们不肯给我们平等待遇。这些历史的细节，比教科书上更为丰富。

触摸历史肌理

今天，向你推荐茅海建教授的巨著《天朝的崩溃：鸦片战争再研究》。读这本书，你会走进这段历史，触摸历史深处的肌理，感受到真实细节的力量。那段风起云涌的历史也会让你明白：对待过去，一味捶胸顿足是远远不够的。

茅教授先为"卖国贼"琦善平反——在国难当头，民族危机严重的时候，人们总要为"失败"找几个"替死鬼"。"忠奸理论和奸臣模式"，并非鸦片战争史独有的现象，而是中国传统史学的常用方法。正是它具有掩护君主，掩护道统的特殊功能，因而屡屡被官僚士子们用来解释那些他们不能解释或不愿解释的历史现象。

换句话说，不在制度根本上做分析，找一两个人来背历史的"黑锅"是一件容易的事，也是大家愿意看到的事，"失败"并非我朝廷无能，君王昏庸，而是因为有"民族败类"，所以，一些人就这样永远地被钉在历史的耻辱柱上。

立场要坚定，要誓死抗争，要进行正面宣传，"妥协—投降—卖国"这一模式，琦善如是，怕是李鸿章也逃不过。

我小时候看电视，总要分析"好人"和"坏人"，这也与中国文化的传统有关。相传"善善""恶恶"之说，是孔子作《春秋》，为警世计，以周礼为标准，立下此原则。

二元对立思维，非善即恶，非黑即白，是非常可怕的。

林则徐及伊里布

书中还为我们还原了真实的林则徐。他一介书生，其眼光受其文化传统、思维方式所限制，无法对当时的形势做出判断与估算。如果将主要责任归于他一人，有失公允。

但他有错，且错误不可避免。

今人视林则徐为民族英雄，是有其内在原因的，或许需要树立一个道德标杆来振奋人心。他本身可圈可点之处很多，但就此事而言，他的盲目自信，不能正确分析局势，算是犯下了一个大错。蒋廷黻先生也指出他的局限：注重个人名誉，不肯公开提出改革。

茅教授还分析伊里布其人其事，从大的层面来考虑，跳出时代的制约，尤为公允、透彻。

伊里布从一开始的"主战"到最后的"主和"，不抵抗是因为他"识时务"，明知道这是一场不可能胜的战争，千方百计地将责任转嫁给他人，甚至针对道光帝一人进行精心的"欺骗"，无非是为了保全其个人，没有将国家、民族的命运置于个人利益之上，不符合儒家道义。

聪明反被聪明误，终致龙颜大怒。

这是个人命运的跌宕，更是时代的局限。

茅教授分析："一是对侵略者应不应抵抗，二是若这种抵抗注定要失败，是否仍应抵抗。前者是道德层面的，结论是肯定的，没有疑义。后者是政治层面的，结论不能从前者引申而来。思想家与政治家的区别正在于此。"

伊里布为什么不敢说实话？一开始足够诚实，为何越来越言不由衷？"在当时的官场中，捏谎粉饰盛行成风。过去的人们往往从忠君观念出发，批判臣子们的'欺君'行为。但是，若冷静地想一想，那种容不得半点不同意见、强求一致的政治体制和君主作风，又何曾不是在客观上催化、助长这种风气？"

茅教授的批判有力度，有深度。

"道德的批判最是无情。而批判一旦升至道德的层面，事情的细节便失去了原有的意义，至于细节之中所包含的各种信息、教训更是成了毫无用处的废物。"

坐在金銮殿上的主子也可怜，极权之下永远得不到真实的信息。

看清军节节败退，不得不由"剿"到"抚"，掩卷叹息。读史如照镜，天朝的崩溃，也在情理之中。

没有开放的胸襟，没有过硬的技术，没有倾听民心的意愿，夜郎自大，故步自封，靠一两个大臣根本是无济于事的。封闭的王朝不会明白，道光帝也不会明白。

学历史的目的

那么，我们学历史的目的是什么？

读历史的最大好处是使我们懂得人性。我想，当我们真正地穿越这一历史事件，弄清事件前后的因果关联，批判性地思考时代的局限对个人选择的影响，就能更好地理解我们本身，更能理性、健康地参与到公共生活中来。

茅教授在本书绪论中指出：历史学最基本的价值，就在于提供错误，即失败的教训。所谓"以史为鉴"，正是面对错误。从这个意义上讲，一个民族从失败中学到的东西，远远超过他们胜利时的收获。胜利使人兴奋，失败使人沉思。一个沉思着的民族往往要比兴奋中的民族更有力量。

历史学应当提供这种力量，我们不能只记住"意义"。

老爸

盛世危机

——与孩子聊《叫魂》[1]

孩子：

前几天，我问你对清朝政府的印象。你说没什么印象，就是"闭关锁国、腐败无能"。我像你这么大的时候，也这

---

① 《叫魂：1768 年中国妖术大恐慌》，[美] 孔飞力著，陈兼、刘昶译，上海三联书店，2014 年。

样认为。中国近代史是一部屈辱史。战争，赔偿，割地。山河破碎，任人宰割。

最近，我重读哈佛大学孔飞力教授的《叫魂》一书，对清朝的社会、政治、经济等情况有了具体的认识。清朝政府何以至此？在西方人没来之前，社会发展究竟是怎样的状况，又隐藏着哪些危机？读罢此书，我不禁再次喟然长叹。

"1768 年，中国悲剧性近代的前夜。"这是本书开篇的一句话。这句话一下子点明事件发生的时代背景。当时并没有人觉得悲剧即将来临，因为这是一个盛世——1768 年，在中国史册上被称为"康乾盛世"的顶端。在一些历史读物及历史影视剧中，我们不难看到商品经济快速发展，社会稳定，人们安居乐业。

正如书中所描述的："白银和铜源源不断地从国外流入中国，以换取中国的丝绸、茶叶、瓷器以及外部世界所需的其他产品。交换过程变得更有效率，从而使得农民能够专职从事商品化的作物生产，并促使手工业得到迅速发展。"表面上看来，商业繁盛，人口增加，劳动力得到解放，有盛世的气象。然而，盛世的背后却是危机重重。

1768 年发生的一件小小的社会事件，后来蔓延十二省，成为一个震动当局，从民间到官场，从底层到高层无不深受其害的大事！事情是这样的——

乾隆三十三年初，浙江德清县城东的水门与城桥坍塌了，一支来自海宁的工程队投标失败无功而返，石匠吴东明承揽了修建工程。一位沈氏农夫请求吴石匠在桥桩上贴一张有仇人姓名的符，并通过石锤的敲击将纸片上的人的"魂"窃去，以达到泄愤的目的。这就是"叫魂"。吴石匠害怕惹麻烦，将之告到官府。官府阮知县打了沈农夫二十五大板后才许开释。然而，问题并没有结束。这一件荒谬的案子随后引起了一系列"叫魂案"，如打听陌生人姓名、偷偷剪人辫子、剪人衣物等，所引发的全民性恐慌将大半个中国卷入了巨大的风波中……

盛世何以妖术横行？孔飞力是个讲故事的高手，他以生动的笔触带领读者一步步逼近事实的真相，将故事讲得跌宕起伏、引人入胜；同时他下足了功夫，从大量的历史文献中梳理线索，解密历史档案，赋予其历史意义，对当时的社会进行多方面的深入剖析。

深究原因，我们不妨做个假设，将自己代入书中的人物角色，成为其中一员，设身处地去体会人物的处境。你从不同的视角审视，从宏观上把握整个事件的发展脉络，会有更准确、更深刻的认识。

假如你是普通百姓

首先，假如你是当时社会的一名普通百姓，周围不乏妖术迷信的行为，甚至有些关于妖魔鬼怪的传说流传甚广、深入人心。你从小对鬼神就有一种敬畏之心，你相信人是有魂魄的。如果你恰巧生活在江南富庶地区，通过手工劳动能维持温饱。但是人口迅速增长，物价持续上涨，社会上充满竞争并十分拥挤，生存空间更小了。你，包括身边的人都有一种危机感。当叫魂妖术的谣言在地方上传开，社会上又出现了大量不明身份的流浪者、游方僧、乞丐。你对他们存有戒心，充满敌视，甚至会攻击他们，生怕发辫被无端割掉，遭受无妄之灾。

为什么社会上会出现这么多流动人口？这是由于地区经济发展不平衡导致的。人口增长仍在继续，贫富差距不断拉大。生态环境恶劣，生活朝不保夕，只能向外或向下流动——到富裕的地方去，希望能得到更多的生存机会。如果你不幸出生在贫穷地区，你很有可能成为无家可归的流浪乞讨大军中的一员，成为受欺辱的对象。

生活在底层，无论身处哪一种角色，都有巨大的不安全感。所谓的"盛世"能让老百姓生活无虞吗？作者孔飞力给出否定的答案。同时你会看到，整个社会充满一股戾气，道德崩坏，冤冤相报，人与人之间毫无信任可言，造成了一系列冤假错案，让人后脊发凉。

假如你是官员

其次，假如你是一名饱读诗书的官员，碰到民间上报的

"叫魂"一案，你会怎么处理？你是哪一种官员我不得而知，我只能把你视为最普通的那一种。——你会严查真相，以尽"守土之责"，以免对地方治安造成不良的影响。但是，你和你的同僚们达成了一种默契，你们不会主动对皇帝上报妖术事件。一方面在自己的辖区和职权范围内谨慎行事，另一方面对民众表现出来的恐惧不以为然。总之，你们都在息事宁人，试图将事件以无害的方式消弭于无形，以保全自己的乌纱帽。向上汇报信息，一般都是"报喜不报忧"，能瞒就瞒，瞒不过去就轻描淡写地敷衍过去。

哈，为什么会这样？这是官僚制度使然。在本书第九章，作者论述官僚君主制。君主对官僚的控制体现在他对官员的考评上。而常规考评比较拘谨呆板，导致为官之道之一就是学会如何规避风险。作为一种原则，话越少越好。"在一个受规则束缚的环境里，最好的官员就是最少惹事的官员——也就是那些能规避麻烦，将消极应付视为美德的人。"于是，官员们在日常考评中，无不谨慎、小心和勤勉。这关系到将来的仕途命运呀！这也解释了为什么"叫魂"案出现时，地方官员一开始都表现得麻木不仁了。

按照以上分析的民间恐惧与官场逻辑，"叫魂"案不至于发展到最后成为轰动全国的大案。这里面有一个关键的人物不可忽略，那就是乾隆皇帝。

假如你是乾隆皇帝

最后，我们再来大胆假设，如果你身处乾隆皇帝的位置——

你对"叫魂"一案忧心忡忡。满人入关之后，强制将汉人遵从满俗，将剃发作为归顺的标志。"妖人"剪发惑众，实是结党叛逆之罪。你生怕背后有一个大大的阴谋。另外，你早就看那些官员不顺眼了，特别是有些满族官员已经"汉化"了，堕落了，没有满族本身的勇猛、诚实。谋反与汉化，是从根子上动摇王朝统治的合法性。不发动对妖术的清剿是不行的！

你故意安排眼线在各地，就是为了能进一步获得信息，掌控官僚。你发现地方官僚欺上瞒下、官官相护、敷衍塞责，腐化之风蔓延开来。而这种现象，正是你一直以来深恶痛绝的。于是，你不断给地方官僚施加压力，措辞严厉地督促官吏追拿"妖首"，将"叫魂"案当作"政治罪"来处理，你就有理由进一步强化专制权力。但是官员办事效率低下，滥用刑法，戕害无辜百姓，使案情更为扑朔迷离、茫无头绪。你越发愤怒而无奈。

你看皇帝不好当吧，这么庞大的帝国该如何统治？乾隆皇帝虽在努力，但他也是有心无力。他所面对的是一个复杂而固化的官僚机器，这部机器按部就班地运转着，每个官僚都是其中一个零件，稳稳地嵌在位置上，不管外部怎样，行使着常规权力。包括皇帝，都是其中的一个齿轮。这种格局难以打破。当然，官僚政治在关键时候也有作用，用作者的话说，虽然它造成的社会伤害性很大，但"它的特性可以阻挡住任何一种狂热"。

即便你是皇帝，也无法扭转衰败的结局。这样的王朝已是摇摇欲坠，不管西方人的坚船利炮来与不来。堡垒往往是从内部被攻破的。最后，卖个关子——大臣们是如何应对、抵制皇帝的淫威？"叫魂"案又是如何结束的？谣言的源头又在哪里？读者自有答案。

梁文道说，这本书让我们看到了清朝的一个剖面。这个剖面一刀切进去，看到的却是整个中国上上下下，从中央到地方每一个环节的动态与血脉。这本书是一本丰富的、长人见识的书。

习近平总书记曾说："历史是最好的教科书，也是最好的清醒剂。"这本《叫魂》，以小见大，阐幽探微，彰往察来，值得一读再读。

老爸

此刻有谁在世间某处哭

——与孩子聊《夜》①

孩子：

　　这本小册子令人惊心动魄。它的作者是 1986 年的诺贝尔和平奖获得者埃利·维赛尔。他将自己十五岁时的悲惨遭遇写成了一本小书。

---

① 《夜》，[美] 埃利·维赛尔著，王晓秦译，吉林文史出版社，2007 年。

绝望之夜

第二次世界大战快要结束的时候，一个犹太少年被迫和家人一起离开故乡，像牲口一样被塞进了火车。在德军的押送下辗转来到集中营。他们没有了家园，没有了姓名，只有代号。饥饿、寒冷、焦渴、孤独、苦役、绝望以及巨大的恐惧笼罩着他们。人人惶恐不安，不知何时死亡会降临到头上。这绝对是个灾难，死亡意味着一切意义的消亡。

我永远不会忘记那天夜晚，那是在集中营度过的第一个夜晚，它把我的整个一生变成了漫漫长夜，被七层夜幕严裹着的长夜。

我永远不会忘记那些烟云。

我永远不会忘记那些孩子们的小脸，他们的躯体在岑寂的苍穹下化作一缕青烟。

我永远不会忘记那些火焰。它们把我的信仰焚烧殆尽。

我永远不会忘记黑洞洞的寂静。它永远夺去了我的生存意愿。

我永远不会忘记那个时刻，它戕杀了我的上帝、我的灵魂，把我的梦想化成灰烬。

……

作者的"永远不会忘记"痛彻心扉。

孩子，你是否还记得，前年暑期我们参观旅顺日俄监狱——当我们穿越那阴暗狭窄的过道，看到一间间罪恶的牢狱，一幅幅悲惨的图片，心情是何等灰暗与压抑，一心想尽快离开这处人间地狱。来到外面，看到阳光，心情才好一点。

同样，阅读此书，伴随着的就是这种挥之不去的窒息感。苦难的海水漫过来，你不断往下坠，为了透口气拼命挣扎，可是命运之手不断地压着你的头颅……

他们一直在海里垂死挣扎

那个小跟班，有一张细腻优美的脸蛋，一个满目忧伤的天使，受到严刑拷打却守口如瓶。他一声不吭地走向绞刑架。小小的身体因为太轻而不能很快死掉，半个多小时之后仍经受着折磨，维赛尔听见了内心的声音："上帝被吊在这里，在这个绞架上。"

小提琴手朱利克，在黑黢黢的工棚里，在死人与活人错杂横陈的地方，演奏最后的绝唱——贝多芬奏鸣曲。"朱利克的灵魂仿佛成了一张琴弓，他在演奏自己的生命。他的全部生命都在琴弦上滑动——那些没有实现的希冀，那些被烧成灰烬的经历，那些湮灭的未来。"

暴乱的车厢，为一块面包而厮杀。那个老人，用四肢在地上爬行，衬衫下藏着一块面包，可是一个影子奋力扑来——"麦尔，我的小麦尔！不认识我了？你要杀死你爹吗？我给你留了……一份面包……给你留了……"

那一刻，上帝死了。

那一刻，他不爱人类，对大地上的灾难无动于衷。

而纳粹分子，不光鞭笞他们的肉体，还摧毁他们的信仰，将他们的灵魂带进无边的黑暗里。我们看到集中营里的心灵变得虚空，为生存垂死挣扎。为了一小块面包，一碗汤，把人性中的恶完全释放出来。不顾父子之情，不顾同胞之爱——一小部分犹太人甚至成了帮凶，打人，送人上绞刑架。

维赛尔的父亲在临终时，不停地呼唤他。可是他充耳不闻，只是因为害怕，害怕党卫军大发雷霆，害怕自己被打。

"他的声音那么远，又那么近，但我一动都没动。"

"我绝不会宽恕自己。"

"我永远不会宽恕把我推向绝境的世界，它把我变成一个冷漠的陌生人，唤醒了我内心深处最卑劣、最原始的本能。"

这是对生命最冷酷的漠视，对人性最残忍的践踏，对灵魂最无情的拷打！

讲述是为了纪念

维赛尔侥幸活下来，他看着自己——"镜子里面，一具尸骸在打量着我。那种眼神让我终生不忘。"他怀着莫大的勇气写成这本血泪之书。在接受诺贝尔和平奖时，他告诉那个过去的自己："我告诉他，我在尽力，我在尽力保持活的记忆，我在同那些企图忘记过去的人做斗争。因为忘记过去，我们就是千古罪人，就是敌人的帮凶。"

讲述为了纪念，这也是此书的目的。文字或电影可以还原细节，抵抗虚无，提醒人们不要忘记人类历史上最黑暗的时刻。

百度百科是这样记录的：犹太人大屠杀是指纳粹德国在第二次世界大战中的种族清洗，是二战中的暴行之一。德国在这场种族清洗活动中屠杀了将近600万犹太人。

600万！哪怕是1，也是人类文明的耻辱！每个数字背后都是活生生的人。这些活生生的人，对生活充满梦想的人，在战争这台罪恶的机器面前，沦为炮灰！

忘不了封面上那双年轻而沧桑的眼睛，直直地望着我，望着所有人。

夜漫漫，心沉沉。突然想到里尔克的诗——《沉重的时刻》。

此刻有谁在世上某处哭，无缘无故在世上哭，在哭我。

此刻有谁在夜间某处笑，无缘无故在夜间笑，在笑我。

此刻有谁在世上某处走，无缘无故在世上走，走向我。

此刻有谁在世上某处死，无缘无故在世上死，望着我。

老爸

寻觅意义

——与孩子聊《活出生命的意义》[①]

孩子：

　　上次我与你聊《夜》这本书，作者维赛尔悲惨的经历让人震惊。第二次世界大战给犹太人带来的苦难真是罄竹难

---

① 《活出生命的意义》，[美]维克多·弗兰克尔著，吕娜译，华夏出版社，2010 年。

书。今晚介绍给你的这位作者，也是一位大屠杀幸存者，二战时曾在集中营度过三年时间。除妹妹外，他的父母、妻子、哥哥均在纳粹的迫害下丧生。

他，就是奥地利精神病学家弗兰克尔。

这又是一个血泪斑斑的故事。《夜》中主人公所经历的痛苦，弗兰克尔也无法逃避。所不同的是，弗兰克尔从心理学家的视角审视严酷环境下的人性，剖析人们复杂的心理。他获得解放后，结合自己的亲身经历，采用心理学上的意义疗法，帮助人们获得生存的勇气，找到绝处重生的意义。

你或许会问，在那样的情况下能找到生命的意义吗？刚入集中营的他就遭遇打击。他偷偷地对一位囚徒说出自己的秘密——珍藏着科学著作的手稿，却遭遇狱友无情的嘲讽，这使他的价值观发生了动摇。——在死亡面前，谈这些真让人觉得毫无意义。与沉重的死亡相比，这一切是那么虚无。集中营就从摧毁一个人的信念开始，用血淋淋的现实一下子让人产生自我怀疑，进而自我否定。

三个阶段

他分析囚徒对于集中营生活精神反应的三个阶段：收容阶段、适应阶段、释放与解放阶段。一开始，就是惊恐，虽然还抱有一丝幻想，但人们很快就看清这残酷的现实。为了生存下去，人们开始"麻木不仁"，成为没有感情、丧失感觉的"行尸走肉"。让自己成为"非人"，才能活下来。那些道德、理想、抱负、同情等一切"柔软"的东西要抛到九霄云外去。心要足够硬，才会有一线生机。否则，下一个躺下被拖走的那个人就是你。弗兰克尔认为，这是一种自我保护。

"冷漠、迟钝、对任何事情都漠不关心是囚徒第二阶段心理反应的表现，这些症状最终会使他们对每天每时频繁发生的酷刑折磨无动于衷。正是由于这种冷漠外壳的包裹，囚徒们才能真正地保护自己。"

处于这样的境遇当然是非常不幸的。在这儿，你的命运、经历、名字等都失去了意义。自我的独特性不存在了，生命只是供他人奴役的工具。所以，寻找到意义是如此重要。作者在书中说，运用生存的艺术，如培养幽默感，从琐屑之事中产生极大的快乐，对最微不足道的仁慈心存感激——尽量调适自己，让精神不生病。

发现生命的意义

作者维赛尔心中永远有一个信念在苦苦支撑自己，即关心亲人和自己的安危。

他无时无刻不在思念自己的妻子，并悟出了：爱是人类终身追求的最高目标……在荒凉的环境中，人们不能畅所欲言，唯一正确的做法就是忍受痛苦，以一种令人尊敬的方式去忍受，在这种处境中的人们也可以通过回忆爱人的形象获得满足。

通过爱，他发现了生命的意义。

书稿丢失了，他一心想着获释后重新撰写。即使在悲惨的处境中，他也想象自己站在明亮、温暖而欢快的讲台上，给台下的听众讲集中营心理学——这一想象为他注入力量，他好像成功超脱了苦难。

通过工作，他发现生命的意义。

"人接受命运和所有苦难、背负起十字架的方式为他提供了赋予其生命更深刻含义的巨大机会，即便在最困难的环境下也是如此。他仍然可以做一个勇敢、自尊和无私的人。否则，为了活命，他会忘记自己的尊严，变得无异于禽兽。在这样的情况下，这种困苦环境所提供的能使人道德完善的机会，有的人会充分运用它，有的人会放弃它。这也决定了他是否配得上自己所遭受的苦难。"

通过忍受不可避免的苦难，他发现了生命的意义。

活着，就有希望

弗兰克尔还成功地利用一个机会对狱友们开展集体心理

治疗。他勉励狱友们，只要还活着，就有希望——健康、家庭、幸福、职业能力、财富、社会地位都可能重新获得，到时候苦难就是一笔财富。关于对未来的想象，也并非都是悲观的。生命的无限意义中就包含着苦难、剥夺与死亡。为爱的人骄傲地面对苦难，哪怕是牺牲都是有意义的。这些话语，给绝望中的人们带来慰藉——

"我说这些话的目的，是在那个监狱里，在那种实际上无望的处境里，为我们的生命找到丰富的意义。我看到我的努力成功了，电灯再次亮起时，我看到狱友们蹒跚着向我走来，眼含泪水，充满感激。"

集中营中，有人咬牙挺过来，有人却无声无息地枯萎了。弗兰克尔告诉我们，无论在怎样的境遇，一个人能决定自己成为什么样的人。尽管受制于环境，你仍可以保持内心自由，并能积极行动。命运多舛，世事艰难。每个人的使命，就是在孤独的抉择中，勇敢地承担起自己的命运，迎接属于自己的挑战。哪怕是经受苦难，自己也能赋予其意义。

我喜欢文中的一段话，那是囚徒们的休息时刻——"站在外面，我们欣赏着晚霞，看着不断变换形状和色彩的云朵笼罩着整个天空，云彩一会儿铁红色，一会儿艳红色，与我们荒凉的栅屋形成鲜明对比，泥潭也映照出灿烂的天空。几分钟的寂静后，一名囚犯对另一名感叹道：'世界多美呀！'"

孩子，在和平年代，这样的遭遇不复存在。但生活中，不可避免地会遇到各种各样的痛苦。无论怎样，生命的意义是要自己好好活出来的，这也是我们的责任。

因为"世界多美呀"！

老爸

这个世界会好吗

—— 与孩子聊《给未出世的你》①

孩子：

你刚过完十六岁生日，你妈妈订了一个蛋糕，托店主送来。没想到这个春天，竟是如此黯然失色。新冠疫情肆虐，

① 《给未出世的你：致2025年的世界》，[法] 阿尔贝·雅卡尔著，赵苏影译，新星出版社，2019年。

人心惶惶，似乎有一只无形的大手拉着我们下坠，一切显得触目惊心。

这个世界会好吗？

1999 年，我已是一名乡村小学老师。就在这一年，有一位老人，在夏天给他未出世的重孙写了一封长长的信，并致 2025 年的世界。信中内容涉及范围广，话语隽永，意义深刻。他没有谈论自己的家族史，也没有以过来人的身份教育后辈"你要成为什么样的人"，反而一再强调每个人都在"饰演自己尚未被写就的角色"。

他叫阿尔贝·雅卡尔，是当代法国著名的种群遗传学家、人口学家、大众思想家和社会活动家。他在这本书中与孩子聊政治与文化，也谈论社会经济、生命科学，以及自我成长和社会责任。文字穿越时光，一个个宏大的主题借着作者的亲身经历徐徐展开。

我就是我所编织起的各种联系

"你一步步远离了童年。在此之前，你还总是被一些大大小小的事件带着走，就好像一只跟随着风儿的帆船；现在则进入了水流激荡、风雨交加的地段，你得自己选择航向，有时甚至还需要在浪尖打拼。"

他以朋友的口吻与孩子分享自己的人生，并以一种特殊的方式"参与他人的未来"。我们不能遗世独立，每个人要与世界、他人发生各种各样的关联，用他的话说，"我就是我所编织起的各种联系"。所以，读这本书，你尝试着将目光从自身投向周围以及更远的地方。看见这个世界，看见过去与现在的联系。

你可以和作者回到他生命中的一天，品尝成功的喜悦。他不是没有迷茫和怀疑的时刻，但就在他十八岁生日当天，听到好成绩的那一瞬间，眼前的世界朝他敞开来了。这种喜悦，不是击败其他人的沾沾自喜，而是通过努力证明自己后的幸福。不管世界如何动荡不安，对于个人而言，扫除重重障碍，朝着自己选择的道路勇敢前进是最应该做的。

紧接着，他对年轻时所追求的"成功"进行了反思——绝大多数人都在拼命追求成为社会精英，勤快高效地做事，过上舒适的人生，但"真正的胜利在于对游戏规则的重新考虑"，最终用规则守望公平正义，用规则捍卫人道尊严。在"圣伯尔纳铎事件"和"飞龙路事件"中，他关心社会弱势群体，为无家可归者发声，提出"不服从"，体现了一个人的社会担当。

就像这次新冠疫情过程中，始终有一些善良而正直的人为之努力和忙碌，付出艰辛劳动，发出勇敢的声音。他们在饰演自己的角色，成为自己选择成为的那个人，尽己所能默默建设社会。在人性的美好与丑陋之间，他们选择了前者。

思考一些大问题

除了讲述自己的经历，雅卡尔还将你带入大的背景下思考自身的行为及目的，带着你构建完整的世界观。他阐述二十世纪新思想：DNA、相对论、量子物理、宇宙膨胀说……这些新思想一方面推翻了人们已有的结论，另一方面对人们提出更高的要求，即要超越事物的表象去理解它，把握事物的本质。他反对目标的偏离，反对教育肤浅到一味应对考试，忽视了深层次的思考。

技术进步能使人类迈出一大步，人们却沉迷于"技术进步"的快感中，产生新的危机。雅卡尔列举了温室效应、核武器、转基因食品等一系列问题，显得忧心忡忡。人类思考问题，要想想"最终会有什么样的后果"，而不能只顾眼前的经济利益。

末章中，他描述了"有限性的困局、价值困局、失业困局"等几个困局，担心下一代的人被过盛的消费欲望控制着。现在来看，这些观点仍然没有过时，这些问题仍旧困扰着当下的人类。

读到这里，我仿佛看到他冷峻的目光中夹杂着一丝忧虑，同时也闪烁着智慧的光芒。比如他对一些文化的看法，能促使你深入思考——

祖国是什么？他提出祖国存在于同一种语言中，语言建立起一张共同生活的网络，文化才是凝聚大家的胶水；体育不是竞争，是规则体系化了的游戏，体育应该思考"共同生活方式"，建立一种真正的集体性，只想着取胜违背了体育精神；死亡并不可怕。对不死的担忧，可以成为医治死亡恐惧的良药。

他还从遗传学、宗教背景、社会学等角度来分析两性角色，很宏观，也很透彻。你既能感受到基因的神奇，又能触摸到历史的长河，还可以从中获得一份积极的力量。

这个世界会好吗？疫情会很快结束吗？2025年即将来到，无法给出一个完美的答案。对于世界的理解，仅仅靠感觉是不够的，你必须从单纯的"相信"走出来，独立思考，与世界建立积极的联系，与他人开展广泛的交流。

"随着你对世界的描绘一步步接近真实，你创造了自己。这将是你最用心，当然也最让你骄傲的作品。"

这是雅卡尔对他后辈的期许，也是我的祝愿。

十六岁，梦想才刚刚开始。加油吧，少年。

老爸

唯有战斗

——与孩子聊《鼠疫》①

孩子：

　　昨晚接到学校通知，因新冠疫情严重，高三学生要统一住校封闭管理。你第一次住宿，肯定有许多不适应，加上学

---

① 《鼠疫》，［法］加缪著，刘方译，上海译文出版社，2011年。

习压力大，人会很辛苦。想到你不久就要离开我们，到一个陌生的城市读大学，那会是一个全新的开始。这次就当作是一次预演吧。

面对灾难，我们该怎么办？听天由命，逆来顺受，消极逃避，还是面对现实，积极抗争？在这种背景下，读诺贝尔文学奖得主加缪的《鼠疫》再合适不过了。

阿赫兰这座城

加缪笔下的阿赫兰是一座普通的城市，和我居住的小城似乎并无两样。人们平日辛苦工作，尽心尽力赚钱，周末享受生活。加缪以调侃的口吻说："在阿赫兰跟在其他地方一样，由于缺乏时间，也缺少思考，人们不得不相爱而又不知道在相爱。"灾难随时会降临到世界任何一个地方，一场惊心动魄的故事就这样毫无征兆地开始了。

某日早晨，城里突然出现死老鼠。紧接着，人们发现越来越多的老鼠出现在城市的各个角落，它们摇摇晃晃，在人们面前倒下、死去。随后，人们脖颈、腋下、腹股沟开始隐隐作痛，接着发高烧、呕吐，最终气息断绝。

感染人数急遽上升，局势越来越严峻。市民们惊恐万状，无所事事，整天像行尸走肉般生活；政客们依然心存侥幸，行动迟缓，最后不得不宣告进入鼠疫状态。小城很快被封锁，染上鼠疫的患者被强制隔离，与亲人分离。

加缪指出，封城带给人们的第一种感觉是流放感。这个词语太贴切了。人们感受着所有囚犯、所有放逐者的深切痛苦。城市与外界彻底隔绝，成为一座孤岛。随之而来的是孤独，忧虑，悔恨，麻木……人性中的贪婪、软弱、虚伪也在这座死亡之城蔓延，如鼠疫一般。

加缪描写人们的生存状态，"没有记忆，没有希望，他们在现时里安顿了下来。事实上，他们的一切都变成了现时。很有必要提一提，鼠疫已夺走了所有人谈情说爱甚至交友的能力。因为爱情要求些许未来的曙光，而对我们来说，只存在当前的瞬间"。

一种英雄主义

从鼠疫暴发到结束，医生里厄是全书中的灵魂人物。他坚信真相，积极行动，关怀生命。他克服与妻子分离的忧伤，迅速投入拯救民众的工作中。他不认为自己是英雄，他也不想成为"伟大的人"，只想成为一个真正的人。他更关心如何在鼠疫中救出一个老人、一个孩子。当神甫帕纳鲁赞许他"您也在为拯救人类而工作"时，他答道："拯救人类，这句话对我来说是大而不当。我没有这么远大的抱负。我关心的是人类的健康，首先是他们的健康。"

他认为，同鼠疫做斗争，唯一的方式是诚实，即做好自己的本职工作。

真正的行动者，无须向任何人证明自己是怎样的人。他会警惕虚空的词语，远离抽象的概念，看见具体的人。

加缪并不刻意强调书中人物的高尚行为，他认为在那样的背景下，这些正直人物选择这样的行为"只因他们知道那是唯一需要做的事情，而在那样的时刻不下此决心才真叫不可思议"。

于是，你会看到塔鲁组建一支医疗志愿者队，积极开展营救；小公务员格朗在卫生防疫志愿队默默发挥作用，做好自己的本职工作；记者朗贝尔在出城无望之后，受里厄影响加入志愿队伍……这些平凡的小人物，他们是城市的居民，生活中的普通人，用自己的方式默默与鼠疫进行抗争与战斗，这也是加缪的态度。除了战斗，别无他法。

在第一次布道中，神甫宣称鼠疫是上帝对不忠信徒的惩罚，后来在目睹了鼠疫的旷日持久，目睹了死亡和残忍杀戮的末日图景，目睹了里厄医生和塔鲁抗疫的劳苦后，他同意加入志愿防疫队。特别是目睹了一个孩子的死亡后，他在之后的一次布道中，天谴立场已不坚定。他最终参与防疫并献出生命，这也表明人类必须依靠自己。

书中有一段塔鲁与里厄的对话令人动容。塔鲁赞许里厄的行为，他反问里厄："鼠疫对您意味着什么？"里厄平静地答："意味着无休无止的失败。"我不禁想到加缪笔下的西西弗，日复一日地推石上山，坦然接受失败。

谁说失败了？在灾难面前，人选择承受生活的重荷，而不是逃避，生存本身就是对荒诞最有力的反抗。这也是生命意义之所在。

当下，我们看到医护人员、志愿者、社区工作者等各行各业的人们坚守岗位，无畏逆行。在这场没有硝烟的战争中，每个人都是平凡生活中的英雄。

《鼠疫》这本书于1947年出版，那时，第二次世界大战刚刚结束不久。鼠疫象征着法西斯主义，作者也毫不讳言。他说："《鼠疫》最显而易见的内容就是欧洲对纳粹主义的抵抗斗争。"显然，这本书号召人们团结起来，去战斗，去赢得胜利。在此过程中，最大的意义正如加缪所言，真正的救赎，并不是厮杀最后的胜利，而是能在苦难之中找到生的力量和心的安宁。

在书中，鼠疫这场战争结束了。这场仗，里厄等人打完了，应行的路他们行尽了，当守的道他们守住了。合上书，新冠这场仗还没打完，但我相信会有结束的那天，因为加缪还说过：每一个冬天的句点都是春暖花开。

老爸

青山遮不住，毕竟东流去

——与孩子聊《上学记》①

孩子：

　　近期，我读完了何兆武先生的口述历史《上学记》。何先生出生在 1921 年，这本书主要讲述了他在北京师大附

———————————
① 《上学记》，何兆武口述，文靖撰写，生活·读书·新知三联书店，
　　2006 年。

中、西南联大以及华北人民革命大学的学习经历。书中不仅记录了他的上学记忆，还穿插了一些历史事件。你可以了解当时的中国社会，聆听到一个耄耋老人经岁月沉淀后的智慧心声。

读书最美好的岁月

何先生说："对我来说，平生读书最美好的岁月只有两度，一次是从初二到高一这三年，另一次就是西南联大的七年。"

初二开始，他"无故乱翻书"，开始自主阅读朱光潜、丰子恺、梁启超等人的文章，并从同学那里借读了清朝野史、冰心散文、徐志摩新诗、鲁迅杂文等。特别是朱光潜的《给青年的十二封信》《谈美——给青年的第十三封信》，给他"打开了看待世界和人生的又一扇窗户"。他还从林琴南介绍的文学著作中了解了西方人的精神生活和思想感情。另外，还有丰富的音乐与电影资源供他涉猎。

一言以蔽之，他中学时期的精神世界极其广袤。书籍播下了一颗追求真理的种子，在心里生根、发芽。相比而言，我中学时代在小镇上陷入茫茫题海，没有课外书看，更没有电影与音乐。

哲人说，闲暇出智慧。此话不假。那时，何先生也要参加考试，可负担没有我们重，有大量的闲暇时光。现在你在功课之余还能有些许时间看看书，听听音乐，比我中学时好多了。

我初中毕业后读"中师"（中等师范学校），时间多了，但缺乏引导，自主读的书也不多。学校的图书馆是难得开放一次。偶尔开放，却无法深入挑选，只能在外浏览。只许填两张借书单。好不容易借到手，大多是旧书，更新慢。何先生在多年以后也体会到了。他在文中呼吁图书馆作为传播优秀文化的场所，不能成为"藏珍楼"，深有同感。

我是工作之后才读到朱光潜先生的《慢慢走，欣赏啊》，才读教育家苏霍姆林斯基，才读当代作家史铁生、周国平、余华。可以想象，何先生那样"无故乱翻书"是何等惬意！

何先生认为："读书不一定非要有个目的，而且最好是没有任何目的，读书本身就是目的。读书本身带来内心的满足，好比一次精神上的漫游，在别人看来，游山玩水跑了一天，什么价值都没有，但对我来说，过程本身就是最大的价值，那是不能用功利标准来衡量的。"

自由，才是学术的生命

没有机会读全日制高校，是我此生永远的遗憾。何先生1939年考入西南联大，先后就读于土木、历史、中文、外文四系。梅贻琦校长有名言说："大学，大学，非大楼之谓也，乃大师之谓也。"这里有钱锺书、朱自清、陈寅恪、钱穆等一大批大师，学术的天空很纯净，空间特别自由。讲什么、怎么讲全由教师自己掌握，不是死抠教材，而是提出自己的见解启发学生思考。

他回忆了几位风格独特的老师——

热情的闻一多，博学的民主人士张奚若，真诚而又有点天真的哲学家冯友兰。在一般的历史教科书中，这些人物只是粗线条的，而在何先生娓娓的讲述中，这些历史人物仿佛就在眼前，细节真实可触。

一个场面给我的印象非常深刻：从美国回来的年轻教师周世述，第一节课就当众否定孙中山关于"政治"的定义。当时"独立之思想，自由之精神"可见一斑。

亚里士多德说："吾爱吾师，吾更爱真理。"校园里经常有学生与老师就问题进行辩论，互不相让，甚至有很多人围观。如果年轻人不敢超越前人，那就没有进步。在这样的环境中诞生了一大批优秀的人才，为祖国、为世界做出卓越的贡献。

自由，才是学术的生命。

何先生牢记父亲的嘱咐，一生之中游离于各种政治派系之外。虽有两段美好的求学时光，但一生命运坎坷，他在极度贫乏、极度困难时始终对未来抱有希望。

"我想，幸福的条件有两个，一个是你必须觉得个人前途是光明的、美好的，可是这又非常模糊，非常朦胧，并不一定是什么明确的目标。另一方面，整个社会的前景，也必须是一天比一天更加美好的。如果社会整体在腐败下去，个人是不可能真正幸福的。"

是的，如果社会整体在腐败下去，个人哪会有真正的幸福？

他用大智慧化解生命中的苦难，历尽沧桑，性情淡泊。他说："人生一世，不过就是把名字写在水上。"看这样的书，和这样的人谈话，心情逐渐归于平静。正如文靖在后记中所说的："这个广阔的宇宙真实存在，而你的内心也是一个无限深远的世界，遨游其中，其乐无穷。"

孩子，读口述历史这样的文本，我们可跟着作者的讲述来一次神游，感受大时代下个人的命运变迁。走进真实的历史现场，还原生动饱满的细节，你会获得更多的启悟。何先生的《上学记》恐怕也是前无古人，后无来者。诗云："黄鹤一去不复返，白云千载空悠悠。"我们只能遥想那个令人神往的自由。那个并不久远的时代里的风范，会不会只是留给后人的一个背影，再也不会转过身，朝我们走来？

老爸

豪华落尽见真淳

——与孩子聊《干校六记》^①

孩子：

　　有一种文字深得我喜欢，它含蓄、深厚、朴素、自在，没有故作的高深，也没有浮夸的修饰。作者阅历丰富，笔端

---

①　《干校六记》，杨绛著，生活·读书·新知三联书店，2015 年。

冷静，不放大自己的情绪，也不做过多的议论，在平和的叙述中自有一番风趣，留给读者咀嚼品味。

杨绛的散文不甜也不腻，她的《干校六记》延续了一贯的冲淡平和、内敛含蓄的特点。她不动声色地回顾那段经历，将个人生死和荣辱置之身后，客观地描写回忆，呈现那段特殊的历史以及个人的遭遇，读后令人感叹。

"干校"是指"文化大革命"中建立起来的，接收干部和知识分子劳动改造的农场。"六记"，是《下放记别》《凿井记劳》《学圃记闲》《"小趋"记情》《冒险记幸》《误传记妄》这六篇，记叙钱锺书、杨绛夫妇在"文化大革命"期间从京城下放干校"劳动学习"的一系列事件。她所选择的这六篇很有代表性，几乎概括了整个干校生活，酸甜苦涩，尽在其中矣。

淡定坚忍的笔调

回忆过去辛酸、屈辱的经历，难免会有些愤愤不平。本可以尽情施展才华的时候，被不相关的活动所占据。你找不到生活的意义，每天浑浑噩噩地被推着向前走。生活发生了翻天覆地的变化，不是你所期盼的模样，而是粗糙与不堪。人容易变得麻木，心生怨气也在所难免。

但纵观全书，杨绛在书写时和过去保持着安全的情感距离，以淡定、坚忍的笔调来写生活中的种种苦难，不肆意宣扬自己的情感。

就拿第一章《下放记别》来说，两次离别，寥寥数笔，却胜作千言万语，远比大肆渲染更令人感同身受。"默存走到车门口，叫我们回去吧，别等了。彼此遥遥相望，也无话可说。"之后，等到自己离开的时候，阿圆只身一人送她上车。"可是我看着她踽踽独归的背影，心上凄楚，忙闭上眼睛；闭上了眼睛，越发能看到她在我们那破残凌乱的家里，独自收拾整理，忙又睁开眼。车窗外已不见她的背影。我又合上眼，让眼泪流进鼻子，流入肚里。"

好一个"闭上、睁开、又合上"，杨绛将内心压抑着的情绪缓缓倾泻出来。"别"得无声无息，至此，一家人散落在天涯。

文中还有一处记"别"，在《"小趋"记情》中描述了他们在干校与小狗的分别。"我们搬家那天，乱哄哄的，谁也没看见小趋，大概它找伴儿游玩去了。"搬到明港后，他们从他人那里得知小趋不肯吃食，四处找他们，便想"也许已经给人吃掉了"，甚至想这样也好，省得变成一只老母狗，"还要养活一窝又一窝的小狗"。轻描淡写中，有不舍，有怜悯，也有自我安慰。在那个时代，人尚且自顾不暇，何况一只小狗呢？

杨绛的语言克制、隐忍的背后有对人生、社会、历史很深的理解。她的从容不迫，表达出对生死的超然。细细品味，我们从中感受到深沉的意蕴。

悲悯之心

这种深沉的意蕴往往并不体现在抒情中，而体现在她朴素的描写里。

"冬天日短，他们拉着空车回去的时候，已经暮色苍茫。荒凉的连片菜地里阒无一人。我慢慢儿跑到埋人的地方，只看见添了一个扁扁的土馒头。谁也不会注意到溪岸上多了这么一个新坟。"

"过了年，清明那天，学部的干校迁往明港。动身前，我们菜园班全伙都回到旧菜园来，拆除所有的建筑……只见窝棚没了，井台没了，灌水渠没了，菜畦没了，连那个扁扁的土馒头也不知去向，只剩下满布坷垃的一片白地。"

一切都没了，白茫茫的大地真干净。

当她送别丈夫时，看到年逾七旬的俞平老和俞师母排队时，心中不忍，抽身先退；同屋的女伴干完一天的活儿，夜里难受呻吟，她自觉惭愧；看守菜园，发现有女人在偷拔青菜，她职责所在，不得不追，心中愿她们把青菜带回家吃一顿……

杨绛的散文始终有人，充满了对他人的同情。不仅对人，对小动物，她都有一颗悲悯之心。与小狗相依相伴，令人动容。连一只兔子她都要怜惜——

"躲在菜叶底下的那头兔子自知藏身不住，一道光似的直窜出去。兔子跑得快，狗追不上。可是几条狗在猎人的指使下分头追赶，兔子几回转折，给三四条狗团团围住。只见它纵身一跃有六七尺高，掉下地就给狗咬住。在它纵身一跃的时候，我代它心胆俱碎。"

朴素的家

《干校六记》里，钱锺书、杨绛夫妇在艰难困苦中的朴素感情，为本书添上一抹温暖。二老看病，跑到半干的水塘和破败的长桥边，快活地称之为"胜地"；二老将菜园相会，更是看作"远胜于旧小说、戏剧里后花园私相约会的情人了"；雨天，杨绛一脚泥、一脚水，历尽千难万阻去看钱锺书，更是让人唏嘘不已。

他们的家一直很朴素，也很温暖。杨绛在《我们仨》里写道："我们这个家，很朴素；我们三个人，很单纯。我们与世无求，与人无争，只求相聚在一起，相守在一起，各自做力所能及的事……不论什么苦涩艰辛的事，都能变得甜润。我们稍有一点的快乐，也会变得非常快乐。"

有机会，你也要读一读《我们仨》。

你读杨绛先生，会感受到什么是纯正的文学，什么是好的散文。作家必须对生活有真实的感受，有深刻的体验，方能表现出生活的厚重。作家止庵说，杨绛散文是以深厚取胜，这是因为她对生活体会得深。这个深，是在感情方面，或者说人生体验方面，而不主要是强调什么观点；她写的是人生，但"人生"在她的作品中总是具体的，活生生的。

"我和谁都不争，和谁争我都不屑；我爱大自然，其次就是艺术；我双手烤着生命之火取暖；火萎了，我也准备走了。"

这首由杨绛翻译的兰德的诗，也可以看作是她一生的写照。

老爸

世界突然安静下来

——与孩子聊《大地上的事情》①

孩子：

家里有三本苇岸的《大地上的事情》：影印本、重版及增订版。还有一本《最后的浪漫主义者》，也跟苇岸有关。

---

① 《大地上的事情》(增订版)，苇岸著，冯秋子编，广西师范大学出版社，2020 年。

新到三册《泥土就在我身旁：苇岸日记》，我很喜欢，临睡前摩挲书页，字字入心。

对大自然爱的书写

初读苇岸，我被他独特的文字打动。

他说："麦子是土地上最优美、最典雅、最令人动情的庄稼。麦田整整齐齐摆在辽阔的大地上，仿佛一块块耀眼的黄金。"

他说："雪也许是更大的一棵树上的果实，被一场世界之外的大风刮落。"

他说："从太阳降落到满天星斗，也是晚霞由绚烂到褪尽的细微变化过程。这是一个令人感叹的过程，它很像一个人，在世事里由浪漫、热情，到务实、冷漠的一生。"

见惯了语言华丽、富有韵律的散文，这本书让我见到另一种风格——简约、节制，又诗意、干净。苇岸关注的是永恒的事物，他笔下一串串原始的意象散落在文字的各个角落：天空、大地、日月、星辰、河流、庄稼、动物、节气……

你说，有多少人去注意"太阳的道路"是弯的还是直的？有多少人把在土地上的劳动视为一种虔诚？有多少人一进入冬天便深切地怀念雪？

读着他的文字，就在一刹那，你会觉得世界突然安静下来。对于阅读者来说，一些沉睡已久的记忆和模糊不清的体验正在渐渐复活，想起那些被淡忘的人——农夫、渔夫、樵夫、牧人、猎户、采药人、养蜂人——行走在大地上，他们是人类与自然的桥梁。

我们离土地越来越远

在现代文明快速进展的过程中，这些人已渐渐消失在我们的视野里，湮没在我们的话语中，正如童年的村庄、河流、树木，在不知不觉中变幻了模样。同样发生变化的，还有我们观察世界的眼光。

想想我们小时候，曾细致地观察大地上的一草一木，抬头看天空的云朵，想象自己如它们一样自由。孩童的时光是慢的，孩童的内心是敏感的。正是如此，这个世界才毫无保留地向他们敞开。

记得那时你还小，头上扎着一对羊角辫。每逢周末与节假日，我和你在田野、公园到处玩，不管在乡镇还是在县城。乡下有一片小树林，人迹罕至。秋日午后的阳光并不强烈，斜斜地射进来，地上光影斑驳，落叶纷飞。我们一玩一下午，将落叶踩得吱吱作响。你穿梭在树林里，摸摸树，看看天，瞅瞅地上的小虫子。

在你看来，大地上万事万物都是有生命的，每棵树、每条河都有自己的名字。苇岸也具有孩童般的好奇心与耐心。他认为自然界万物都具有独立个性，不是冷漠的客体。他观察蚂蚁营巢、拖蜣螂，他注视雄蜂的尸体，看一只鹞子静静地盘旋。一切微小的生物都能进入他的视野，并引起他长时间的流连与思考。

在苇岸眼里，我们眼中不起眼的麻雀，"蹲在枝上啼鸣，如孩子骑在父亲的肩上高声喊叫，这声音蕴含着依赖、信任、幸福和安全感"。窗外的两只麻雀，"体态肥硕，羽毛蓬松，头缩进厚厚的脖颈里，就像冬天穿着羊皮袄的马车夫"。他认为，麻雀"它们的淳朴和生气，散布在整个大地"。

《我的邻居胡蜂》一文中，苇岸将胡蜂在自己书房窗户下筑巢，看作是对自己的信赖，并甚为感动。为了表现自己的欢迎，避免打扰他的朋友，他将一扇窗户彻底封上。即使在闷热的酷暑，他也只开一扇窗户。胡蜂离去后，在窗台上留下旧巢。用他的好友黑大春的话说，这是他的家徽，是神对他的奖励。

人是自然的一分子，亲近自然是人的本能。在广袤的田野逐渐被鳞次栉比的摩天大厦所取代的今天，在乡愁已被现代化的风吹散了的今天，我们离土地越来越远。

苇岸不无痛心地指出，现代的孩子远离土地，不懂泥土的芬芳，忘却了如何在自然中嬉戏。他们的世界有汽车，有知名品牌，有电动玩具，而没有蒲公英、布谷鸟、日出日落……

这篇《现代的孩子》是苇岸对人类远离自然的批判，他在多篇文章中表达对农业文明的向往，对工业文明的抵触，对现代化狂热进程的忧虑。你深入阅读，就会发现他并不是沉浸田园生活的避世者，相反他关注现实，有一种超乎常规的敏感。

当时他搬到水关新村，房子可以看到日落和日出，上午和下午阳光都能照进来。放眼望去，天明地静。东方，农田工整，村庄温暖。西方是满目绿色的茫茫平原，远山起伏。但是，两年之后，这个小区的周围建立了新的住宅楼、新技术产业开发区，厂房和办公大楼拔地而起，苇岸的诗意视野被剥夺。

几年前，我开车回乡镇，路过那片熟悉的土地，远远地看到小树林不见了，一栋栋新式公寓已取而代之，那些树的命运可想而知。我们公寓东边有条直港河，对面原先有一大片的麦田。春天到了，成片的油菜花将天空染得金黄，但也被楼房赶走了。

在《鸟的建筑》末尾，苇岸写道："在神造的东西日渐减少、人造的东西日渐增添的今天，在蔑视一切的经济的巨大步伐下，鸟巢与土地、植被、大气、水，有着同一莫测的命运。"

人类科技文明在不断进步，是以大地上的事情在不断消失为代价的。苇岸痛惜地说："这是一个被剥夺了精神的时代，一个不需要品德、良心和理想的时代，一个人变得更聪明而不是美好的时代。仿佛一夜之间，天下只剩下了金钱。对积累财富落伍的恐惧，对物质享受不尽的倾心，使生命变成了一种纯粹的功能，一切追求都仅止于肉体。"

为什么眼里噙满泪水，为什么心里满怀忧思，是因为他对土地爱得热烈而深沉。

二十四节气

因为离开土地，没有切身的体验，二十四节气在我心中一直是概念化的存在，如一种符号，一件冷冰冰的物件，好似老师将知识硬塞在头脑里一样。

在苇岸这里，二十四节气有具体的内容。他将自己的经验注入其中，就像干瘪的气球一下子饱满起来，鲜艳起来。他选择拍摄地点，确定拍摄时间点，每到一个节气，就在同一时间、同一地点、同一个画面上拍一张照片。他有计划、有准备地完成这件事，深入田野，详细记录时辰、天气、温度、风力等，俨然如科学家一般严谨、精细。

他认为二十四节气，具有东方田园风景与中国古典诗歌的名称，是语言瑰丽的精华，体现汉语的简约性与表意美。

他的文字灵动、轻盈。试举几例：

惊蛰："'惊蛰过，暖和和。'到了惊蛰，春天总算坐稳了它的江山。"

小满："麦田成形（定型）了，立体、挺拔，颜色尚未转变，麦芒上挂着柳（杨）白絮，麦粒成形，白色的，还无质感。春天的新鲜、活泼已消失，平静的、稳重的夏天正在衍进。"

立秋："有凉爽的气流，身体能感到这股气流，明显地感到。像在河中游泳，水流的感觉。凉意、滑动，侵入周身（早立秋，凉飕飕）。"

……

苇岸的文字，一下子将你带到大地上，带进季节里，带来远山和河流。不管你此时在教室里，还是将来在某个地方，我希望你能经常到大自然走走，看日出日落，听虫鸣鸟啼，赏云卷云舒。无论你心情多糟，都能在大自然面前获得深久的慰藉。正如王羲之在《兰亭集序》里说："仰观宇宙之大，俯察品类之盛，所以游目骋怀，足以极视听之娱，信可乐也。"

新冠疫情刚开始时，那个寒假特别长。我常一个人散步，作为观察者、记录者的身份行走在大地上。生活节奏慢了下来，人静了下来，感官敏锐许多，发现了以前被忽视的美，感受到生活的另一层含义。

将来你有时间的话，读读苇岸吧。这位大地上的吟唱诗人，只度过短短三十九个春秋。他走了，如林贤治先生所言，他的品质和精神留了下来。他的存在是大地上的事情，他与大地同在。

老爸

第三辑　光阴里的故事

——那些伟大的灵魂

历史的天空群星璀璨
与那些伟大的灵魂邂逅
即使在黑暗中行走
心里依然有光

鲁迅的另一面

——与孩子聊《朝花夕拾》^①

孩子:

　　我读中学时,流行一句话:一怕文言文,二怕周树人,三怕写作文。文言文和写作文,一个难背,一个难写。而周树人,

① 《朝花夕拾》,鲁迅著,湖南文艺出版社,2011 年。

即鲁迅先生，则难读。今天我们来聊一聊鲁迅先生的另一面。

鲁迅先生的作品有几篇入选中学语文教材。他的百草园、长妈妈以及藤野先生一直在我的记忆里。现在回想起来，鲁迅先生的文字亲切、有真情，完全不是那个"横眉冷对千夫指"的模样。

他的《朝花夕拾》作为初中生必读名著之一，其经典价值毋庸置疑。所谓"朝花夕拾"，字面上理解是早晨的花，晚上捡拾。《朝花夕拾》原先是鲁迅发表在《莽原》杂志上的，总题为"旧事重提"，意为对童年旧事的追忆。人们回忆童年时，总会想到一些快乐的往事，过滤掉人生的忧愁与艰辛。

童年的鲁迅玩什么呢？他生活的环境和我们有什么不一样？他是如何学习的？小时候养宠物吗？他的家庭有什么变故吗？他又遇到哪些人、经历哪些事呢？

阅读这本书，我们可以了解他从幼年到青年这段时期的生活经历与心路历程。你会从十篇文章中读出个性鲜明、质朴真诚的鲁迅，为将来阅读鲁迅的其他作品打下基础。

你会发现，那个传说中的高冷、犀利、深沉的伟大作家，也有其天真烂漫、情趣丰富的一面。

有趣的童年回忆

你看鲁迅笔下的百草园，俨然是孩子们快乐的天堂。鲁迅从"碧绿的菜畦"写到"轻捷的叫天子"，再写到"单是周围的短短的泥墙根一带"的"无限趣味"，冬天还可以在里面拍雪人、塑雪罗汉、捕鸟。一个淘气贪玩的孩子形象跃然纸上，令人想到无忧无虑的童年时光。百草园在成人眼里不过是一个普通的园子，但在小鲁迅的眼中它是造梦的地方。

我小时候在村东边的小桥上纳凉。夏夜凉风习习，总有老人讲"鬼"故事，很刺激。我爱听，又怕听。《无常》是写民间传说与戏剧的，无常是恐怖的地狱鬼形象，但在小鲁迅的眼中却是令人喜爱的，是"我和许多人——所最愿意看的"，"他不但活泼而诙谐，单是那浑身雪白这一点，在红红绿绿中就有'鹤立鸡群'之概"。并将之称为"这鬼而人，理而情，可怖而可爱的无常"。简直是妙趣横生！鲁迅正是从一个小孩子的视野来描述一个新奇别致的世界。

同样，在首篇《狗·鼠·猫》中我们能体会到儿童朴素的爱憎情感。鲁迅小时候养过一只"隐鼠"，可爱的小老鼠，结果被猫吃掉了，他很伤心，总想着为老鼠报仇，终生都"仇猫"。鲁迅写隐鼠的可爱："放在地上，也时时跑到人面前来，而且缘腿而上，一直爬到膝髁。给放在饭桌上，便捡吃些菜渣，舐舐碗沿……"当他得知隐鼠被猫吃掉时，内心愤恨不已："当我失掉了所爱的，心中有着空虚时，我要充填以报仇的恶念！"鲁迅写得那样感人，我不禁想起小时候家里养的小黄狗，我每次周末放学回来，它都跑到桥东摇着尾巴迎接我。可是它最终误食被下药的老鼠而亡，我内心难过了好一阵子。

当然这篇文章不只是回忆有趣的童年记忆，鲁迅在叙说自己为什么"仇猫"时，以特别的方式回应了与一些所谓的"名流"的论争，讽刺了他们的虚伪，笔触之间几乎都是对现实的指向和影射。了解了这一点，你就会明白鲁迅的用心所在。

如何读懂鲁迅的文章

这也涉及另一个问题，即鲁迅的文章为什么难读？你要去了解一些背景知识，知人论世有助于更好地理解作品，也更能激发自己的阅读兴趣。北京大学温儒敏教授指出，读鲁迅的作品，要了解文化、历史常识，能消除阅读障碍。比如《无常》中的"城隍""东岳大帝""卤簿"等，都是民间文化和传说中的角色和事物，要有所了解。再如《范爱农》，如果对辛亥革命前后的历史不了解，就读不进去。

温儒敏教授还指出，鲁迅的文章语言与其他作家的不一样，会带来语言上的"隔"。他以《从百草园到三味书屋》开头一段为例来说明这种"隔"，文中"现在是早已并屋子一起卖给朱文公的子孙了"，用如今的通常说法是"好多年以前这园子就连同房子一起卖给姓朱的人家了"；"连那最末次的相见也已经隔了七八年"，就是"最后一次见到这园子也已经过去七八年了"。鲁迅的语言文白夹杂，语言有张力、有诗意、有韵味，有自己鲜明的特色。我们在阅读时，要放慢脚步，才能体会其语言背后的思想和情感。

鲁迅式幽默

鲁迅的语言还很幽默。在《狗·鼠·猫》中我们已经感受到鲁迅式的幽默，辛辣的讽刺如鞭子抽打论敌，真是痛快。《藤野先生》这样描述大清国留日学生的外貌特征："头顶上盘着大辫子，顶得学生制帽的顶上高高耸起，形成一座富士山。也有解散辫子，盘得平的，除下帽来，油光可鉴，宛如小姑娘的发髻一般，还要将脖子扭几扭。实在标致极了。"鲁迅入木三分地刻画出留学生不思进取、醉生梦死的丑态。

《父亲的病》揭露庸医行骗，开的方子用奇特的药引，"最平常的是'蟋蟀一对'，旁注小字道：'要原配，即本在一窠中者。'"鲁迅插入议论："似乎昆虫也要贞节，续弦或再醮，连做药资格也丧失了。"将中医的某些荒唐因素与旧伦理扯到一起，加以嘲弄，讽刺味十足。

《朝花夕拾》中还有一类讽刺，没有刻意夸张和想象，比较客观、平静。像《阿长与〈山海经〉》中写夏夜长妈妈的睡相，"伸开两脚两手，在床中间摆成一个'大'字，挤得我没有余地翻身，久睡在一角的席子上，又已经烤得那么热"。后经劝说，"但到夜里，我热得醒来的时候，却仍然看见满床摆着一个'大'字，一条臂膊还搁在我的颈子上。我想，这实在是无法可想了"。但听她讲长毛的故事之后，"对于她就有了特别的敬意，似乎实在深不可测；夜间的伸开手脚，占领全床，那当然是情有可原的了，倒应该我退让"。这幽默的表达，充满了生活气息，让人感到亲切自然。

鲁迅的幽默是一种高级的幽默，你在阅读时不要忽略这一因素，要细细揣摩其中的趣味和美感，感受别样的鲁迅。温儒敏认为，在现代中国，极少有比鲁迅更有趣又幽默的"老头"了！有人曾说"鲁迅先生是百年来中国第一好玩的人"，还评价他"非常的五四，非常的中国，又非常的摩登"。

最后，你发现《朝花夕拾》里的十篇散文为什么这么排列吗？它们之间有什么内在的关联？能否调换次序呢？你看一下每篇文章后的创作时间，可知它们是按时间先后顺序排列的。显然，鲁迅在写作前已做通盘考虑。《朝花夕拾》里的每一篇文章看上去很独立，有的是写一个人，有的是记一件事，有的是谈一本书，但它们之间有内在联系。篇与篇之间有一些巧妙的线索关联，尤其是开头与结尾部分，等着你去发现。

老爸

阅读生活这部大书

——与孩子聊《从文自传》[1]

孩子：

  读师范时，我从班主任李老师那里借来一本《沈从文小说精品》，一下子被那里的山、水吸引住了。一口气读完《边城》，完全陷入其中，心中升腾起一种莫名的少年哀愁

---

① 《从文自传》，沈从文著，人民文学出版社，2017 年。

来，朦朦胧胧地感受到什么是美，什么是遗憾。

"美丽总是愁人的"，道此语的沈从文先生，常称自己是"乡下人"，喜欢用一支清新之笔描述湘西优美的自然风光与淳朴的世道民风。他笔下的风土人情，如水墨画卷一样展开。人物情节，栩栩如生，使人身临其境。

他的感情同那片土地密不可分，文字透着一股人情之美、人性之美。

传奇童年

我很奇怪，什么样的生命过程能历练出这样的文字？直到我遇见沈从文20岁之前的人生，心中才明白。1932年8月，沈从文写完《从文自传》，刚及而立，已是备受瞩目的作家，在青岛大学教书。他仅用三周写完一本上乘的自传。在这本书里，你可以感受到他目光所及之处的丰富、细致及趣味。

用沈从文的话说，这不过是一本"顽童自传"。可是，他的童年不一般，经历堪称传奇：幼童时期经历辛亥革命，天天跑到城墙头看砍头。他学会算数字，是从掐指头数满地滚落的血人头开始的。小小年纪便身入行伍，学习军事。彼时军阀割据，长年混战，随军清乡，更是血流成河，尸首盈野。

生命之初，残酷是他的课本。他目睹了许多无辜农民被杀。身边的人，包括一些同学、同僚，倏忽就消失了，不留一丝痕迹。他能活下来，简直就是个奇迹。他也渐渐生疑，不明白为什么这些人就让兵士砍他们，以为这一定有了错误。

这种人生的疑惑，对成人世界的不理解一直伴随他左右。他用自己的双眼打量这个世界，心中产生越来越大的疑问，也迫使自己努力去寻找答案。他常常会觉得"在我面前的世界已够宽广了，但我似乎就还得一个更宽广的世界。我得用这方面弄到的知识证明那方面的疑问"。他从小懂得存疑，对众人所认为的"正确"便有了一份远离，拥有自己的判断。

正如他在书中说，二十年后我"不安于当前事务，却倾心于现世光色，对于一切成例与观念皆十分怀疑，却常常为人生远景而凝眸"。

这种性格的形成，他认为，与幼时在私塾中的逃学有关。

生活是他的教室

沈从文从小不爱上私塾，常常逃学，逃避那些书本去同一切自然亲近。他喜欢"到日光下去认识这大千世界微妙的光，稀奇的色，以及万汇百物的动静"。"我的心总得为一种新鲜声音，新鲜颜色，新鲜气味而跳。我得认识本人生活以外的生活。"

他学会爬树、游泳、打猎，认识许多树木与草药的名字；他喜欢逛街，永不厌倦地"看"一切——针铺老人低头磨针，伞铺学徒制伞，皮靴店皮匠绱鞋，剃头铺师傅刮头，染坊苗人摇荡，豆腐坊苗妇唱歌，织簟子铺老人破篾……

读到这儿，我仿佛回到小时候，喜欢和父母上街赶集。现在看来，那条街真是太小太小了。可对于幼时的我而言，却很大很大。一切都是喧闹的、新鲜的。

从军时的片刻闲暇，他跑到井边看人家轮流接水，看中学生打球，看过往行路人……来到常德后，大街上的一切都让他感到新奇。"我到这街上来来去去，看这些人如何生活，如何快乐又如何忧愁，我也就仿佛同样得到了一点生活意义。"

他独自到河边去，看船只上滩——"那些船夫背了纤绳，身体贴在河滩石头下，那点颜色，那种声音，那派神气，总使我心跳。那光景实在美丽动人，永远使人同时得到快乐和忧愁。当那些船夫把船拉上滩后，各人伏身到河边去喝一口长流水，站起来再坐到一块石头上，把手拭去肩背各处的汗水时，照例总很厉害地感动我。"这一幕，尤其动人。

他在读一本大大的书，书里的世界广博、丰富、新鲜。

生活是他的教室，风物人情尽在其中。他从小就敏锐地感知，真切观察。眼前世界就不是一个已经被定义的概念，而是处处有鲜活的气息。这些活的知识，靠读私塾无法获得。所看到的，所听到的，都已成为他生命里的一部分。

生活的滋养

这些经历对他成为作家有很大的帮助，他的文字涌现着生活的气息。他笔下的人物——富有人性的老兵，囚牢中的美丽女盗，爱读书的秘书，重情义的大王等无不形象饱满，举手投足之间神韵尽现。他多描述，少评判，对生命有深刻的理解与同情。他在书中坦言："接近人生时我永远是个艺术家的感情，却绝不是所谓道德君子的感情。"

沈从文从生活中获得滋养，发现生活的真实、美丽与趣味。他不满足庸常的生活，尽可能地走出去，走到更广阔的天地里，像水一样流动，不会停留于某处。在颠沛流离中，他不断地汇入一个更大的世界里，保持对生活最质朴的热爱。

孩子，生活是舞台，生活是教材。处处有风景，处处有真意。

在张新颖《沈从文的后半生》这本书里，我看到沈从文曾写信勉励弟子汪曾祺："一个人生命的成熟，是要靠不同风晴雨雪照顾的……热忱地、素朴地去生活中接受一切，会使生命真正充实坚强起来。"他的后半生让人唏嘘，但无论在怎样的处境下，他都不失赤子之心。我想，他之所以能在绝望中坚持，与这段生命经历有很大的关系吧。

愿你早日走近沈从文！

老爸

被梦想击中的人

——与孩子聊《月亮与六便士》^①

孩子：

这个冬天冷得漫长，零下，零下，还是零下。立春了，却丝毫没有春天的迹象。寒风肆无忌惮地吹着。街上年味正

---

① 《月亮与六便士》，［英］毛姆著，傅惟慈译，上海译文出版社，2009年。

浓，行人来去匆匆。

我突然想起一百年前的一个人——一个普通的伦敦中年男子，工作体面，在证券交易所上班。他家庭美满，有美丽的妻子和两个健康的孩子。他不出众，话语不多，走在大街上，俨然一位普通人。如果没有什么变故，他会平平淡淡过完一生，和大多数人一样，享受着庸常的尘世幸福。

一个与众不同的人

"我总觉得大多数人这样度过一生好像欠缺一点什么。我承认这种生活的社会价值，我也看到了它的井然有序的幸福，但是我的血液里却有一种强烈的愿望，渴望一种更狂放不羁的旅途。"作者毛姆如此评论。

这个名叫思特里克兰德的中年人，突然有一天离家出走了，留下一张字条："家中一切都已安排好……我不回来了。我的决定不能更改了。"

他抛弃了妻子，抛弃了孩子，抛弃了房子，抛弃了工作，成为一个自由人，没有了诸多身份的束缚。

他到巴黎画画，踏上了这狂放不羁的旅途。他必须画画就像溺水的人必须挣扎。

你看到迎接他的不是鲜花，而是一丛丛荆棘，把他刺得体无完肤。在贫穷潦倒的处境里，他独自在艺术的道路上前行。

他把世俗的道德准则踩在脚下，丝毫不顾别人的感受，甚至伤害了家人、朋友。

自私、冷酷、偏执，他并不被许多读者喜欢。一开始，我无法理解他的行为。

毛姆以画家高更为原型虚构了一个心目中理想化的人物形象——思特里克兰德，他不屑被世俗所接受。从他踏出家门的那刻起，他一直活在自己的世界里，只一心追求艺术，创作了一幅又一幅使后世震惊的杰作，临终前却要求土著妻子将这些画作付之一炬。

他只是画画，享受这个过程，并不考虑现实的困厄，也不追求生前的名利。梦想击中了他，俘获了他的整个身心——他成了梦想的囚徒。用毛姆的话来说："他完完全全地过着一种精神生活。"

纯粹、痴迷、伟大，他的画作透露着神秘主义气息，令人敬仰，甚至敬畏。

一种强烈的力量

网上很多读者把它当作励志小说，激励自己听从内心的呼唤，勇敢追求美好的梦想。当然，仁者见仁，智者见智，对文学作品的解读不分对错。我以为这并不是一本励志小说，主人公最终并没有收获世俗意义上的成功。

这本小说，贯穿其中的是对人性的洞察，包括人孤独的本质，自我实现的困难，人与人之间的隔阂，以及对人抵达的终点的思考。它认真而严肃地探讨永恒的话题：理想与现实，生存与梦想，个体与群体，道德与自我……

里尔克说："在根本处，也正是在那最深奥、最重要的事物上，我们是无名的孤单。"思特里克兰德，他知道自己注定无法与这个世界沟通。即使身边最亲密的人也无法理解他。你看小说中的三个女人，无法真正融入他生命里。这种孤独感弥漫全篇。

或许，我们每个人生在世界上都是孤独的。每个人都囚禁在观念的铁塔里，靠一些意义模糊的符号与人交流自己的思想。因此，生命才更需要一种深刻的同情——不仅同情他人的遭遇，还要从他人身上发现我们共同的局限，从而理解生命的丰富与复杂。

"我好像感觉到一种强烈的力量正在他身体里面奋力挣扎；我觉得这种力量非常强大，压倒一切，仿佛违拗着他自己的意志，并把他紧紧抓在手中。我理解不了。他似乎真的让魔鬼附体了，我觉得他可能一下子被那东西撕得粉碎。"

一分安详的心境

卢梭说："人生而自由，却无往不在枷锁之中。"这些枷锁，来自制度、习俗和各种偏见。要想在诸多的限制中，走出一条异于常人的道路，极为艰难。而人之为人最大的挑战，就是在不自由的处境中勇敢抉择，为自己的决定负责，活出自己想过的人生。这个过程是孤独的，也是可贵的——"他对自己的命运从来也没有抱怨过，他从来也不沮丧。直到生命最后一刻，他的心智一直是安详、恬静的。"思特里克兰德，他最终活出了自我，拥有生命的自由。

毛姆在书中放大了个体的特质，处处折射出思想的光辉，促发人们对艺术、自由、爱情、生存诸方面的思考。作者也许在提醒我们，生活中不仅要有六便士，还要有一轮明月高悬碧空。不管你抬不抬头，它始终都在。

如果思特里克兰德不出走，他会不会实现自己的梦想？这个问题没有答案。或许，孤独是艺术家的特质，他应当是一个人，他必须是一个人。捍卫理想，除了出走之外，还有心平气和的妥协，在隐忍中孤独地向着梦想进发。如卡夫卡，这位保险公司的小职员，却写出伟大的作品，静静地开出生命的花朵……

对于思特里克兰德而言，他只能听从内心的呼唤，服从自己的命运。

昨晚摘抄了书中一段话，送给你：

"做自己最想做的事，生活在自己喜爱的环境里，淡泊宁静、与世无争，这难道是糟蹋自己吗？与此相反，做一个著名的外科医生，年薪一万镑，娶一位美丽的妻子，就是成功吗？我想，这一切都取决于一个人如何看待生活的意义，取决于他认为对社会应尽什么义务，对自己有什么要求。"

祝你新年快乐！

老爸

超越苦难

——与孩子聊《我与地坛》[1]

孩子：

有些人虽然没碰过面，却不经意间进入自己的生命，仿佛这是冥冥中的约定。知道史铁生这个人，缘于听某位特级

---

① 《我与地坛》，史铁生著，人民文学出版社，2008 年。

教师的课——《秋天的怀念》。老师一遍又一遍地带领学生读"好好儿活"，台下的老师无不动容。

在那个秋天，史铁生倾其心血，深切追忆那段灰暗的日子里，母亲是怎样不顾自己的病痛小心翼翼地照顾双腿瘫痪的自己。她宁愿自己一个人扛着，也要给绝望的儿子以希望，给被黑暗笼罩的家庭一丝光亮。

北海的菊花年年开，母亲亲手栽下的那棵合欢树已长大，只是母亲已永远地离开了。史铁生努力好好儿活，在很多文章里都写到母亲。他的小说获奖了，他应邀参加会议了，母亲却看不到了……他一个人摇着轮椅在地坛公园慢慢走，无暇顾及白昼与清晨，无暇顾及虫鸣与飞鸟，心里只想着一件事：母亲已经不在了。他呆呆地直坐到古祭坛上落满黑暗然后再渐渐浮起月光，心里才有点儿明白，母亲不能再来这园中找他了。

你在书旁批注：哀愁、悲伤，真令人难过。孩子，这样的文字无论什么时候翻出来再读，还是一样感人肺腑。西方哲学家尼采说，一切文学，余爱以血书者。即作者倾注其全部的情感，用心血写就，深切引起读者的共鸣。相比市面上一些或浮夸矫情或伪装深刻的文字，史铁生的文字沧桑厚重，力透纸背，值得反复阅读。

在文字里遇见他，仿佛是久别重逢。他的《以前的事》《活着的事》《写作的事》《灵魂的事》《病隙碎笔》等一一被我购买，藏于书柜。我又遇到另一个史铁生——对于生命深沉地热爱，对于生活朴实地体验，对于人生意义深邃地思考，让你感受到他精神的强健与饱满。纵然身体被固定在轮椅里，但心灵是自由的，思想早已超越肉身的限制，在苦难中开出美丽的花朵来。

苦难究竟意味着什么

周末，你推荐我读散文集《我与地坛》中的《好运设计》。在文中，史铁生让我们随心所欲地设计自己的来世——家庭美满，童年幸福，兴趣广泛，恋爱顺利……总之，一切被幸运之神眷顾，一切都令你万事如意。但这样的人生就一定幸福吗？史铁生道出了事实，这样的人生只是舒适与平庸。所谓的好运与幸福，完全是心灵的感受。而生命的意义，在于你能创造这过程的美好与精彩。

我想，史铁生对"苦难"这一词是有深刻领悟的。作家徐晓在《半生为人》这本书里写到史铁生的困境。母亲走后，由于生活拮据，他不得不摇着车上班，奔波于各个部门，好不容易才得到伤残补贴。而他的身体急剧败坏，尿毒症威胁，褥疮发作，疼痛让他终日卧床……无数次他在死亡线上挣扎。

这样的境遇，人们往往想到忧郁、凄凉、孤独与无望。

他对徐晓说，别怕绝境，人只有在绝境中才能找到出路。他不是没有绝望的念头，只是坦然接受自己的命运。他在后记中说，爱命运才是至爱的境界。他的确找到了一条属于自己的道路。

写作的意义

"我从双腿残疾的那天，开始想到写作。孰料这残疾死心塌地一辈子都不想离开我，这样，它便每时每刻都向我提出一个问题：你为什么要活着？——这可能就是我的写作动机。就是说，要为活着找到充分的理由。"

他找到了活着的理由，用写作让生命通向安静。写作，是他的宗教，是他的信仰。

"我的躯体早已被固定在床上，固定在轮椅中，但我的心魂常常在黑夜出行，脱离开残废的躯壳，脱离白昼的魔法，脱离实际，在尘嚣稍息的夜的世界里游逛，听所有的梦者诉说，看所有放弃了尘世角色的游魂在夜的天空和旷野中揭开另一种戏剧。风，四处游走，串联起夜的消息，从沉睡的窗口到沉睡的窗口，去探望被白昼忽略的心情。另一种世界，蓬蓬勃勃，夜的声音无比辽阔。是呀，那才是写作啊。"

你说，史铁生不光写自己的处境，还写到那个时代里人们的不幸。是的，因为他还看到了时代的局限，人们被裹挟其中，无法掌握自己的命运。《记忆与印象》这一组散文，史铁生追忆过往的点滴，尤其是写人的文字，优美含蓄，情感真挚。每个人都有故事，每个故事背后都有作者同情的目光。

比如，你敏锐地发现作者用了那么多的"颤抖"写出二姥姥可怜的处境；作者希望"叛逆者"大舅心中的梦想不曾被现实湮灭，不曾被时间磨尽，不曾被"不可能"夺其美丽；还有那位在月光中不停跳舞的女孩珊珊——"这一段童年似乎永远都不会长大，因为不管何年何月，这世上总是有着无处可去的童年"……

人只有经历苦痛，才能准确把握生命的厚度与深度；人只有正视局限，才能深刻领悟人生的圆满与缺憾。史铁生从绝境中获得内心的宁静，人生的境界从逼仄走向开阔。生命最终超越苦难，获得另一种自由。这样的人生，对我们何尝不是一种启示？

老爸

星光璀璨

——与孩子聊《人类的群星闪耀时》[①]

孩子：

    暑期我看了一部好电影——《至暗时刻》。影片讲述第二次世界大战时，丘吉尔临危受命，担任英国首相一职。德

---

① 《人类的群星闪耀时：十四篇历史特写》(增订版)，[奥]斯蒂
    芬·茨威格著，舒昌善译，生活·读书·新知三联书店，2009 年。

国大军逼近，形势不容乐观。内阁成员多人主张与希特勒议和。他在重重压力之下，力排众议，不屈服严峻的现实，以坚定的信念号召人们起来抵抗。影片呈现历史上的重要时刻，一个人是怎样在孤独之中开辟自己的事业，担负起重担，使人类的历史发生重大转折的。

一个人的力量有多大？他在历史的长河中该担任怎样的角色？我最近读奥地利著名作家茨威格的《人类的群星闪耀时》，心中激荡不已。十四篇历史特写，聚焦于特定的历史事件，作者如同拎着探照灯，照见那些人物在历史的隧道里踽踽独行……

书中的这些人物你大多不熟悉，因为茨威格并没有为那些所谓的"英雄人物"歌功颂德。他没有写历史上功名赫赫的大人物，而将目光聚焦在那些失败的、失势的悲情人物身上。

历史的特写

作者在《序言》中说："我想在本书中从极其不同的时代和地区回顾这样一些群星闪耀的时刻——我之所以如此称呼它们，是因为它们宛若星辰一般永远散射着光辉，普照着终将消逝的黑夜。"

读这些历史特写，你会发现一个人是怎样在某个瞬间发现人生使命，并毫不犹豫地捍卫它的。

西班牙探险家巴尔沃亚第一次发现太平洋，其过程并非一帆风顺，而是危机四伏。不断地逃离，不断地征服，生命遇到阻碍后激发出更多的能量。茨威格认为："人生最大的幸运，莫过于在他的人生中途，即在他想象力丰富的壮年发现了自己的人生使命。"

落魄的作曲家亨德尔，频频受挫，突患中风后奇迹般地恢复了健康。一次偶然的机会，他为《弥赛尔》谱曲，蜚声全欧，灵魂也得到救赎——"啊！这声音在攒动、在拥挤，这赞美声要从他心里迸发出来，向上飞升，回到苍天。亨德尔赶紧拿起笔，记下乐谱，他以神奇的速度写下一个个音符。他无法停止，就像一艘被暴风雨鼓起了风帆的船，一往直前。四周是万籁俱寂的黑夜。黑魆魆的潮湿的夜空静静地笼罩着这座大城市。但是在他的心中却是一片光明，在他的房间里所有的音乐声都在齐鸣，只是听不见罢了。"茨威格的笔端饱含深情，细腻的描写触动心灵。

美国实业家菲尔德为实现欧美两洲的连接，一次又一次尝试，付出不屈不挠的努力，不断遭遇失败，最终通过海底电缆从美洲向欧洲传来清晰的电报讯号。在此篇中，茨威格毫不留情地讽刺了那些见风使舵的人，热情讴歌了这位无畏的勇士。文章末尾，他呼吁："由于战胜了空间和时间，但愿人类永远友好团结，而不是被灾难性的狂想一再迷惑：想不断去破坏这种伟大的统一；想用战胜大自然的同样手段来消灭人类自己。"

大文豪托尔斯泰终于摆脱长期以来内心的羁绊，晚年时离家出走，最终在火车站与世长辞。茨威格以剧本的形式写出托尔斯泰的人道主义思想与内心的挣扎，人物呼之欲出，形象感人。托尔斯泰对来访的学生说："通过暴力不可能建立一种符合道德的制度，因为任何一种暴力不可避免地会再产生暴力。一旦你们掌握了武器，你们也很快建立新的专制主义。你们不是破坏专制，而是使它永存下去。"

你也会发现非常吊诡的一面，只在一瞬间——如果拿破仑没有重用那个唯命是从的格鲁希，如果那扇关乎欧洲命运的凯尔卡门有重兵把守，如果列宁没有乘坐那辆列车回国，如果威尔逊总统一再坚持的《凡尔赛和约》得到通过……历史会不会改写？

可是，历史上没有"如果"，留下的是经验与教训，以便后来人以史为鉴，防患于未然。

失败者的颂歌

最令我感动的一篇是《南极探险的斗争》。茨威格记述人到南极探险这一历史时刻，没有写第一位到达此地的挪威人阿蒙森，却挑选晚到近一个月的英国人斯科特。他们团队在十分恶劣的天气下艰难前进，用强大的意志力克服重重困难，战胜内心的恐惧与孤独，一步一步向着目标出发——可最后还是梦想破灭了。因为有人比他们先到一步。

回来的路程中危险增加了十倍。天气愈来愈恶劣，热能愈来愈少。他们一行人被暴风雪困在帐篷中，斯科特心知生还无望，便在日记里写下了一封封信，给妻子，给朋友，给祖国。"那些书信写得非常感人。死在眉睫，信中却丝毫没有缠绵悱恻的情意，仿佛信中也渗透着那种没有生命的天空中的清澈空气。那些信是写给他认识的人的，然而是说给全人类听的；那些信是写给那个时代的，但说的话却千古永垂。"

他谈到民族时无比自豪——"我不知道，我算不算是一个伟大的发现者。但我们的结局将证明，我们的民族还没有丧失那种勇敢精神和忍耐力量。"就算生还无望，他也觉得此行无憾——"关于这次远征的一切，我能告诉你什么呢。它比舒舒服服地坐在家里不知要好多少！"

令人动容的是，他最后用冻伤的手指写下："请把这本日记送到我的妻子手中！"但又悲伤地、坚决地划去了"我的妻子"这几个字，在它们上面补写了可怕的字眼："我的遗孀"。

这是人类精神伟大的时刻，人物身上闪现出的人性光芒，如天上的群星熠熠生辉。

孩子，我读到书中的人物，总习惯性地看一看他们的生卒年月——有的生命长久，有的如昙花一现。人是时间的单位，从生到死的这段时间里，真要好好想想自己应该做些什么。

但愿这些星光一直照亮我们前行的道路。

老爸

傲放于风沙中的仙人掌花

——与孩子聊《简·爱》①

孩子：

　　你说，最近读《简·爱》，有些话语引起你共鸣，内心觉得很受用。你指给我看——"我觉得，只要你认真努

---

① 《简·爱》，［英］夏洛蒂·勃朗特著，宋兆霖译，作家出版社，2015 年。

力，到时候你就会发现，要成为你所赞赏的人是完全有可能的……"

嗯，这是简·爱说给罗切斯特听的。这天夜晚，主人罗切斯特邀请她在炉火旁聊天，向她倾吐内心的迷茫，而她不卑不亢地回应着……这段人生，她在桑菲尔德府做家庭教师。在十九世纪，家境平凡的女孩大多只能当家庭教师来维生。

她是平民阶级，罗切斯特身处上流社会。一开始，他们就处于完全不对等的社会阶层。小说的背景是维多利亚时代，那是英国历史上最辉煌的时期。一方面，英国经济飞速增长，在经济、科学、文学、艺术等领域都大有发展；另一方面，这个时期保守压抑，阶级分明，出现上流社会、中产阶级、劳动阶级。

各阶级不同的经济背景，形成完全不同的生活方式。社会贫富差距急剧扩大，充满歧视与偏见——你看，当罗切斯特在家中举行宴会时，那些贵族对社会地位低下的人们，言语间尽是傲慢与偏见。

不屈的灵魂

这并不是一个"灰姑娘"的故事。简·爱相貌平平，从小寄人篱下，在舅妈家受尽了冷眼与欺侮。尽管她竭力表现好的一面，也难讨人欢喜。有一天，她的恐惧和忍耐到了极限，愤怒的情绪像山洪一样爆发了。她和凶狠专横的表哥对打，被人拖到红房子里关禁闭。在绝望中，幼小的心灵发出："不公平！——不公平啊！"后来，她与舅妈当面对质，内心感到"一种前所未有的自由感和胜利感"，不过这种滋味在自责中很快变成了"又涩又苦"。

她来到洛伍德学校，同样遭遇到不公平的对待。被罚站，她也是"昂着头，在凳子上站稳了身子"。当好朋友海伦被人欺凌时，她内心充满了悲愤。"整整一天，她没能发出的怒火一直在我的心中燃烧，大颗大颗的热泪不断地灼痛我的双颊。看到她那副逆来顺受的可怜模样，我心痛得实在无法忍受。"

善良的谭波儿小姐给简·爱无微不至的关心和教育，让她内心变得平和。谭波儿小姐结婚后离开，简·爱不安于现状，渴望探知更广阔的世界，她主动选择了出走，寻求一份新的工作。这就是前文所提到的——她来到桑菲尔德府，成为一名家庭教师。

此时，简·爱长大了，更有主见，内心也更加成熟。她刚来到桑菲尔德府时，有一段内心独白，反映她对现实的态度：

"通常认为女人是非常安静的，可是女人也有着和男人一样的感情。她们像她们的兄弟一样，也要施展自己的才能，也要有她们的用武之地。她们对过于严厉的束缚，对过于绝对的停滞，也会和男人完全一样，感到十分痛苦。"

我们本来就是平等的

对于她所仰慕的主人罗切斯特，她并没有把自己放在卑微的位置，一味取悦他，好借此攀升到上流社会。即使她贫穷，不漂亮，她也不认为自己低人一等。书中有一幕著名的告白，发生在夏夜的花园里：

"你以为我因为贫穷、低微、不美、短小，我就没有灵魂，没有心吗？——你想错了！——我跟你一样有灵魂，——也完全一样有一颗心！要是上帝赐给了我一点美貌和大量财富，我也会让你感到难以离开我，就像我现在难以离开你一样。我现在不是凭着习俗、常规，甚至也不是凭着肉体凡胎跟你说话，而是我的心灵在跟你说话，就好像我们都已离开人世，两人平等地一同站在上帝跟前——因为我们本来就是平等的！"

简·爱认为，在爱情面前，每个灵魂都是平等的，不论贫富，不论男女，不论美丑。每个人都有爱与被爱的权利。这个观念给当时社会带来巨大的冲击力。在那个时代，女性的地位低下，家庭教师也是很卑微的职业。女性被社会塑造成柔弱、顺从的形象，在家里"相夫教子"，依附于家庭和男性而生存。

一百多年后的今天，这段话仍然触动着人们的心灵。它所包含的独立平等思想一直不过时。

后来，简·爱又一次出走，离开了心爱的人，向着前途未卜的命运出发。她遭遇前所未有的困难，又顽强地生存下来……我不再赘述，你慢慢阅读。

命运是用来抗争的

《简·爱》这本经典小说之所以能够打动这么多人，是因为自始至终这个其貌不扬的女孩，她面对现实从未低过头，面对歧视从未自轻自贱，而是独立、坚贞、倔强。她有不可撼动的尊严，她有独立自主的人格，她有不屈不挠的信念。

她，就如同一株傲放于风沙中的仙人掌花。

你还记得六年级课文《小草与大树》吗？夏洛蒂将自己的诗稿寄给当时的桂冠诗人骚塞，渴望得到文学前辈的指点。谁知骚塞在回信中竟毫不客气地对她说："文学，不是妇女的事业，也不应该是妇女的事业。"夏洛蒂受到打击，却未气馁，硬是用钢铁般的意志，敲开了文学圣殿的大门。

她的《简·爱》一出版，震动了文坛，引起广泛关注。很明显，这本自传体小说是作者用实际行动向传统的观念和陈腐的偏见宣战——这里面有她的批判，她的抗争，她的呐喊，也有对自我实现与独立人格的追求。

她让人们明白，命运是用来抗争的，不是用来屈服和忍耐的。

那么，今天我们读这样一本厚厚的小说有什么意义？

过去这一百多年来，女性的个人权利得到极大改善，可以发展自己的事业。但社会上还存在不少偏见，如女孩子不要那么努力，早点嫁个好人家，过安稳的日子。价值单一，空间逼仄，女性要想挣脱束缚，发展梦想，过自己的人生，有一定难度。

就像英国女作家伍尔芙在《自己的房间》中所提到的："女性若是想要写作，一定要有钱和自己的房间。"这个独立的房间，既是生存的空间，又可以延伸到心灵的空间、思考的空间。

有人说，《简·爱》的故事回答了一个问题——"女人应该怎样面对这个社会？"这个问题很复杂，或许你能从简·爱的故事中明白：无论在什么时代，无论在日常生活、工作还是在恋爱、婚姻中，你作为一个独立的个体，自尊、自强、自食其力、自我完善，是何其重要。

老爸

光阴里的故事

——与孩子聊《给孩子的故事》[1]

孩子:

　　小时候,我喜欢听故事。夏夜,燥热难耐。在田里劳累了一天的人们,在村东边的小桥上,铺上草席,或坐,或

---

① 《给孩子的故事》,王安忆选编,中信出版社,2017年。

卧，轻摇蒲扇。躺下来，听青蛙在草塘里唱歌，伸手便抓到萤火虫。眼前是黑魆魆的田野，村庄沉默着。星星像宝石一样闪闪烁烁，墨蓝色的天空辽阔无际，空气中弥漫着青草的味道。微风拂来，人便惬意无比。

总有人说起过去的事，好像是风把它们带来了。

冬夜漫长。吃完晚饭时间尚早，大人就带着孩子四处串门。村庄小，从东头走到西头，也不过十来分钟。大人们围着炉火边，讲起短小有趣的故事。听完故事，大人小孩心满意足地回家。

从前，日子慢。没有电视的夜晚，故事就是一个个精灵，张开闪亮的翅膀，飞进孩子们的心里。忘不了在炉火边，讲故事的人娓娓道来，有一句没一句地聊着，听故事的人神情专注，一脸满足。现在的夜晚亮如白昼，人类进入无眠时代。屏幕上故事天天上演，但人们讲故事、听故事的场景已不复存在。

故事，让人心灵飞翔

眼前这本《给孩子的故事》，编者王安忆精选了二十五则故事，作者有 1920 年出生的汪曾祺，也有 1978 年出生的张惠雯。不同的时代，不同的作者，不同的故事。这些光阴里的故事，沉淀在岁月深处。一页页翻阅，书中陌生的面孔渐渐鲜活起来。

你会读到少年人的一种天真。你看，汪曾祺笔下的萧胜，他一直跟着奶奶生活，奶奶过世后他来到父母身边，别人不知道他与奶奶的感情有多深，但我们理解他为什么一边吃黄油烙饼，一边流泪；猜小在爹的坟前种下倭瓜，看着倭瓜一天天长大，她有了新的盼头，其实她是种下了思念，种下了希望。生活不管有多艰难，还要好好继续下去；余华笔下的兄弟俩特别有意思，一心希望父亲像个英雄那样给自己动手术，结果呢，差点害父亲丢了性命，但是我们会怪他们吗？不会的，我们读出了一种可爱。

你会读出中年人的一种无奈。《春雨之夜》，"我"与老陀之间的交往，朴素的友谊令人动容，也让人感喟；《在地图上》，那个喜欢画地图的他，在拥挤混乱的车厢里超然物外。当五六年后又遇到他，"我"发现世界好像变了另一个模样，生活顺流而下，以前的人丢失了，不见了；《高女人和她的矮丈夫》，人们总是按照自己的思维方式去解释世界，但世间感情，如鱼饮水，冷暖自知。人间风雪漫漫，唯有相知相伴的温暖用来御寒。女人去世后，矮男人打伞时仍半举着伞——"空空的，世界上任什么东西也填补不上。"

你会读懂老年人的一种倔强。这份倔强，不是偏执，而是对自身处境的不屈从。莫言笔下的《大风》，飓风来袭，"爷爷像一尊青铜塑像一样保持着用力的姿势……爷爷眼里突然盈出了泪水。他慢慢地放下车子，费劲地直起腰。我看到他的手指都蜷曲着不能伸直了。"包括阿来笔下的秤砣老人，迟子建笔下的老渔妇吉喜，都形象鲜明，耐人寻味。

故事是一扇窗

这些故事时间跨度长，每个故事都离不开特定的时代。如王璞的《捉迷藏》，故事里的那一夜真是惊心动魄。回来后，转眼间时局发生深刻变化，个人命运在时代的动荡中渺小如尘埃。

你就如同穿梭在时光的隧道里，拾起一颗颗珠子。好故事，总会在岁月深处闪闪发亮。

我们为什么需要故事？故事就是一扇窗，让每个人看到了另外的风景。我们都活在当下的某一时刻，无法抽身离去。每阅读一个故事，我们就走进别人的生活，仿佛从高处俯视着他——看他在生活里笑，看他默默哭泣，自己的内心也起了波澜，恍若置身其中。阅读别人的故事，犹如体验丰富的人生，品味人生百态，打开我们情感的出口和入口。

正如编者王安忆所说，读书最重要的是让孩子感情丰富，让孩子更聪明，让孩子了解：世界上可能发生的事情，比实际发生的还要多。

老爸

她度过了美好的一生

——与孩子聊《假如给我三天光明》^①

孩子：

　　初夏已至，万物光鲜。我在徐州学习一周，返程途中，看着不远处的村庄出神。村庄挨着河流与树林。几只鸟在树林

---

① 《假如给我三天光明》，［美］海伦·凯勒著，李汉昭译，华文出版社，2003 年。

上空盘旋。晴空万里，云影若隐若现。阳光下，红色琉璃瓦闪闪发光。杨絮飞扬，宛如雪花点点。田埂窄，青草长。成片的麦田，青中泛点黄。油菜花谢了，弯着腰，结出密密的籽。

片刻的闲暇，生活之美刹那间呈现。平日里脚步匆匆，根本无暇欣赏身边的风景。正如海伦·凯勒所说，那些有眼睛的人显然看得很少。对于世界上充盈的五颜六色、千姿百态万花筒般的景象，他们认为是理所当然的——我就在"他们"之列。读到这句话，心头微微一颤，赶紧画下来。

在宇宙中你并不孤独

谈起海伦·凯勒，人们内心会泛起怜悯之情。命运如此不公，将之抛弃于无穷的黑暗中。在一些人眼里，海伦·凯勒只是一个"标签式人物"——身残志坚、不屈不挠、伟大……在抽象的词语中，我们失去对一个人真正的理解，无法给自己带来感动。

一个幽闭在盲聋哑世界里的人，她竟创造了一个又一个奇迹。面对这样的人生，我们要避免"标签式感动"，满怀好奇心，从书本中去寻找这些答案：这是一个怎样的生命？她经历了一个怎样的人生？

起初，小海伦像一头小野兽，任何人都亲近不了。暴躁，绝望，无奈。当她在莎莉文老师的引领下，知道"水"这个字就是那种清凉而奇妙的东西时，那一刻恍然大悟，灵魂战栗。"水唤醒了我的灵魂，并给予我光明、希望、快乐和自由。"井房的经历让她觉得宇宙万物都有名称，每个名称都能启发她新的思想。她开始以新奇的眼光看待每一样东西。

万物皆有灵，在宇宙中你并不孤独，你可以和世间万物交流、对话、分享，发生积极的关联。名称只是一个代号，内涵可以无限扩大——因为你的感知，你的关注，你的参与，这个世界终将与众不同。

书中多处写到海伦在自然中感受美好。她常和莎莉文老师漫步在田野、山坡，在那里开始新的课程；她对海岸眷恋不舍，喜欢那纯净、清新的气味。那些可爱的小生物，对她来说有无穷无尽的吸引力；在山间秋季，她用整个身心来感受世界万物，一刻也闲不住；冬天，她坐着雪橇往下猛冲，穿过积雪，越过洼地，一下子穿过闪闪发光的湖面，滑到了湖的对岸。

即使全世界抛弃了你，你还有大自然为伴。海伦感叹道："我了解的事情越多，就越感到自然的伟大和世界的美好。"

"那些有眼睛的人显然看得很少"，眼睛看不见的她，却在用心"看"，用心感受这世间一切，每时每刻活在当下。大自然的暖阳与和风，小草与花瓣，处处涌动着生命的气息、生长的气息——"在温暖的阳光照耀下，含羞树的花朵在阳光下飞舞，开满花朵的树枝几乎垂到青草上。那些美丽的花儿，只要轻轻一碰就会纷纷掉落。"多甜美的文字啊，汩汩地从海伦心里流淌出来。

追求自我实现

每个人不是一座孤岛。海伦的成长得到了许多人的帮助，尤其是莎莉文老师。她那无私的爱重塑了海伦的生命——自始至终用心陪伴，耐心教导，温和坚定，对生命抱着最大的同情与友善。任何人都能从莎莉文老师身上感受到什么是好的教育，什么是好的老师。

生命之初，海伦没有到学校进行系统的学习，但她在莎莉文老师的启发下，在自然中学习，与身边的人交往。她始终与社会、世界发生着积极的联系，并保持着旺盛的求知欲。这样的方式接近学习的本质，学习不就是与万物对话再回到内心吗？在对话中，在交往中，自我一点点地被唤醒，你会发现自己是一个怎样的人，洞悉内心的渴望，勇敢地追求梦想。

她历尽艰难进了大学后，仍保持着沉思、反省的习惯，对大学的教学提出不同看法。尽管道路崎岖，还在不断攀登。这一点很令人感佩。

读海伦的故事，我常常会联想到马斯洛的需求层次理论。马斯洛将人的需求从低到高按层次分为五种：生理需求、安全需求、社交需求、尊重需求和自我实现需求。海伦从不满足于低层次的需求，而是不断拓展自身，接触到一个广阔的世界。她如饥似渴地学习，进大学，学写作，做讲座，为残疾人发起募捐运动。

而且，她的兴趣丰富多彩。她酷爱阅读，常常在田野散步，参加户外运动，最爱乘船远航，陶醉于歌剧中……她从博物馆和艺术馆里感觉到乐趣和灵感，她从与小孩做游戏中感觉到快乐和满足。"虽然生命中有很多缺陷，但我可以有如此多的方式触摸到这个多姿多彩的世界。世界是美好的，甚至黑暗和沉寂也是如此。无论处于什么样的环境，都要不断努力，都要学会满足。"

你看，海伦不是孤独地活在黑暗中，而是勇敢地走出来，享受生活，实现自我的价值。海伦的人生充满活力，让我惭愧不已。

这样的生活岂不精彩？这样的人生岂不美丽？

最后，摘录海伦的话，送给你：

"我的四周也许是一堵厚厚的墙，隔绝了我与外界沟通的道路，但在围墙内的世界却种满了美丽的花草树木，我仍然能够欣赏到大自然的神妙。我的住屋虽小，也没有窗户，但同样可以在夜晚欣赏满天闪烁的繁星。

"我的身体虽然不自由，但我的心是自由的。且让我的心超脱我的躯体走向人群，沉浸在喜悦中，追求美好的人生吧！"

老爸

曾国藩的反思人生

——与孩子聊《曾国藩传》[1]

孩子：

每次考完试，你总有些耿耿于怀：课堂上老师反复讲过这道题，自己怎么就弄错了？你有时为人际关系而苦恼：与好友越来越疏远了，好像彼此之间找不到共同的话题，是哪

---

① 《曾国藩传》，张宏杰著，民主与建设出版社，2019 年。

里出问题了呢？

遇到问题我们要停下来逆向思考，试图看到问题的实质，躬身自省，寻求解决之道。这就是反思。如何反思呢？这几天我在读一个大人物的传记，他身上具有强大的反思精神。

他出身平常，从小苦学不辍，可谓"小镇做题家"。不过，他智商平平，只会下笨功夫，考了多次才中秀才，进入翰林院。他一生崇尚笨拙，以扎实而非机巧取胜。他经历过许多挫折，小时候多年考秀才不中，在长沙办团练差点被"正规军"的兵痞刺杀，靖港大败后投水自尽被救起，被罢免了兵权，剿捻失败，天津教案被朝野痛骂……

他这一生可谓大起大落。但不管处于何种境地，他都能笃于立身修德，反省践行，自强谨慎，匡时救世。他就是被誉为大清"中兴第一名臣"的曾国藩。今天，我就跟你聊聊他的反思之道吧，说不定对你有所启发呢。

学习遭遇挫折

他天资不高，算是笨小孩。有个故事说他小时候背书怎么也背不下来，连梁上小偷都会背了，他还不会，足见其笨。六次科考，六次落第。不仅如此，他还被学台"悬牌批责"，也就是把他的考卷当作"反面典型"进行全省示众。

这么大的挫折，一般人又怎能受得了？但曾国藩有曾家的倔强之气，他枯坐书房，痛定思痛。反观过去，他不得不承认，自己太笨了。解决的方法只有一条，就是超人的努力。

穷则思变，变则通。他把自己历年的考卷与优秀的范卷进行反复对比，看看自己到底差在哪里。看来看去，他发现自己的问题所在，也找到努力的方向。他舍得下笨功夫，通过刻意练习夯实基础，从失败中吸取教训，掌握了考试的诀窍。他终于考中秀才，之后好运连连，又接连考中举人、进士，甚至进了翰林院。

曾国藩后来回忆漫长的九年秀才考试生涯，反思道："余……小考七次始售。然每次不进，未尝敢出一怨言，但深愧自己试场之诗文太丑而已。至今思之，如芒在背。"

考试不顺的经历也是一次极好的自我教育，坚定了曾国藩"尚拙"的信念。他说："天下之至拙，能胜天下之至巧。"看来，学习这条道，自古以来就无捷径。曾国藩在后来历次挫折中没有被打趴，越遇到困难，反而越能激起斗志，与此信念有很大关联。

一个人对自己有什么样的期许，会决定他一生的走向。他到北京后发现自己视野狭窄、学识浅薄、境界低劣。他一心想着如何洗刷自己身上的鄙俗之气。真是环境影响人，改造人。如果他还在湖南，待在舒适圈里，断然发现不了自己的问题，只会坐井观天，夜郎自大。

直面性格上的缺陷

曾国藩性格上还有不少缺陷。第一毛病是静不下来，生活不规律；第二个毛病是为人傲慢；第三个毛病是"虚伪"。他三十而立，学做圣人。怎么做？他每天写日记，在日记中反省自己。他对自己提出高要求，并把日记给朋友看，相当于请朋友监督自己，即"师友夹持"。其实，这类似于他每天在朋友圈发一条消息，并请朋友评论。

某日，他记录自己与朋友打架一事，分析自己的问题，并决定改过。他撂下笔，马上去赔罪；对于自己的"虚伪"，他反思，评论人夸奖人要慎重，这样人家才会拿自己的话当回事。

曾国藩进入官场，靠自己的实力步步晋升，于是看不起那些靠走关系、溜须拍马之徒，平时态度比较傲慢，并且太过刚直，得罪了不少人，甚至皇帝也因此对他心生芥蒂。

在一次得罪皇帝后，他被解除兵权，到了人生至暗时刻。退居乡下两年，曾国藩有了时间全面反思：

"回想自己以前为人处世，总是怀着强烈的道德优越感，自以为居心正大，人浊我清，因此高己卑人，锋芒毕露，说话太冲，办事太直，容易引起他人的反感。"

特别是朋友罗汝怀的一封长信，将他的问题一针见血地指出来，令他看到自己的致命弱点：太自傲、太急切、一味蛮干、一味刚强。

乡居生活，他的心静了下来，思维方式、行为处世都发生了根本的转变，完成了脱胎换骨般的"大悔大悟"。

他终于意识到，行事过于方刚，表面看似很强，实际却是极弱的，因为说服、影响不了任何人，反而事事难为。这片土地上真正的强者，是表面上看起来柔弱退让之人。所谓"天下之至柔，驰骋天下之至坚"。只有必要时和光同尘，圆滑柔软，才能顺利通过一个个困难的隘口。只有海纳百川，兼收并蓄，才能积蓄、调动各方面的能量。

他决心改过，之后回归仕途，人们发现他仿佛变了一个人，变得谦逊有礼、和气通达了。

反思带来行动

他的治军也能体现他善于反思的一面。作者张宏杰认为，湘军的战斗力来自曾国藩的"反思"习惯。曾国藩分析清朝政府的正规军为什么战斗力差，就因为败在制度缺陷上："低饷制"令兵将无心训练；"兵为国有"导致绿营兵"胜则相忌，败不相救"。于是，曾国藩提高将士待遇，制定"将必亲选，兵必自募"的原则，"选士人领山农"，即用军官都用没有打仗经验的读书人，收兵员主要收纯朴的山农。

他相信"精神的力量远大于身体的力量",他非常重视以礼治军。所以,湘军迅速崛起,从区区 2000 人发展到唯一能对抗太平军的武装,力挽狂澜于危局。

曾国藩为国家办的最后一件大事,是兴办洋务。两次鸦片战争,让曾国藩深刻认识到西洋人的文明程度和武器水平都远远超过我们。他从根本上反思,并有所行动。他开办安庆军械所,这是中国真正意义上的第一家军工厂;后来,为了更方便学习国外的先进技术,曾国藩设立"翻译馆",聘请洋人来管理,培养了许多科技人才。此外,曾国藩还积极向朝廷提出派幼童去美国留学,学习各种文化技艺,推动国家的强大与进步。

曾国藩的进阶之道与他善于反思不无关系。人生由过去、现在和未来组成。过去不可改变,但我们可以通过反思、复盘,进而改正不足,避免重蹈覆辙,从而更清醒地走好当下,把握未来。读人物传记,能照亮我们的未来。

一本好书的内涵是丰富的。作者张宏杰说,对于中国这个文化体来说,曾国藩的更大意义是他展现的"中国式力量"。这种力量,也让我们看到了一个渺小的个体,于历史洪荒中,负重前行的勇气与担当。

今天,我从"反思"这一点出发,牵引出曾国藩的方方面面,这也是一种读书的方法。你会读出什么呢?期待你的反馈。

老爸

一蓑烟雨任平生

——与孩子聊《苏东坡新传》^①

孩子：

我用了两个多月读完一部厚重之书——《苏东坡新传》，共上下两册近千页，今天想和你聊一聊苏东坡。

---

① 《苏东坡新传》，李一冰著，四川人民出版社，2020年。

作为一名中国人，我对苏东坡并不陌生。每到中秋之夜，我们会吟诵："但愿人长久，千里共婵娟"；感喟浮生变幻，有人会叹："人生如梦，一樽还酹江月""世事一场大梦，人生几度秋凉"；我喜欢他的《定风波》《江城子》，人生多少不可言喻的滋味尽在其中。

台湾作家张大春在一次接受采访中说，如果让他选课文，宁可只教苏东坡。你的中学课程，没有研究苏东坡的选修课，我向你推荐过林语堂先生的《苏东坡传》。林先生的书，寄托了他浓烈的私人情感，天真烂漫。他称苏东坡是"不可救药的乐天派"。

林先生没说错，苏东坡的确是个乐天派。他一生宦海浮沉，从眉山少年到白须老人，从意气风发之士到心如死灰之臣，几经迫害贬谪而气节不改。世乱时艰，中年丧子，晚期丧妻，被友人出卖，兄弟离散——他总能泰然处之，乐天知命，在逆境中品出生活的万千滋味来。

这部皇皇巨著比《苏东坡传》更严谨、全面，作者李一冰先生下了很大功夫于卷帙浩繁之中考据，再以时间轴的顺序事无巨细地写苏东坡跌宕起伏的一生。他从蜀地渊源和家族家风开始讲起，既写出个体的命运，又展现北宋熙宁、元丰、元祐年间的政治生态和社会风貌。

李一冰先生写苏东坡，寄寓自身凄凉的遭遇与情感。阅读时，我心情亦是起伏不定，时而如一江春水浩浩荡荡，时而如清风拂过寂静的松林。每次合上书卷，常是午夜时分，屋外万籁俱寂，屋内人却难以入眠。

儒家的入世精神

作为政治家的苏东坡，身上体现儒家的入世精神，希望经世之才可以为世所用、造福苍生。他身居高位，敢说真话。北宋政坛新旧党人之争异常激烈，双方首领王安石和司马光政见不同。他不偏不倚，从实际出发，从对国家是否有利出发，坚持自己的政见，对二人都提出反对意见。

他为官一方，忠于职守，不可谓不勤勉。他疾恶如仇，性格刚直，治大恶从不手软，不怕得罪人。他不空谈，讲究实用，同情底层人民，关爱落魄寒士。

他在杭州储粮防灾、治理西湖，在徐州奋力抗洪，到定州整顿军纪，改善士卒生存环境。疫病流行，人们困苦，他将得来不易的医药秘方公开，博施济众，又命人设厂煮粥，普施贫病，拯救人们于水火之中。

但他匡扶天下的理想还是落空了，和弟弟"风雨对床"度余生的简单愿望也未能实现。书中更多笔墨描写的是苏东坡所处的困境与内心的矛盾纠葛，让我们看到一个真实的苏东坡。他以诗文入仕，年少成名，一生却为名所累，才高遭人忌恨，耿直受人陷害。复杂多变的政治环境，让他备受打击，心中惶恐不安。遭贬后，他内心彷徨、孤独无法排解。

"此生何所似，暗尽灰中炭。"苏东坡将自己生平比作埋在寒灰下的炽炭，暗随年月，默默消融，心情之苦，可以想象。

孩子，人生总有顺境与逆境，就如路总有上坡和下坡。我们认识一个人，不是看他在顺境中如何得心应手，而要看他在逆境中怎样坚忍不拔，超越苦难。

痛苦是思想的催化剂

苏东坡去世前两个月，离开海南的儋州到中原，路过镇江金山寺，在自己的画像上题一首六言诗，后两句是"问汝平生功业，黄州惠州儋州"。他认为自己平生的功业，对社会的贡献，不在朝堂之上，而在黄州、惠州、儋州这三个流放之地。这当然带有自嘲的味道，事实也如此。

他的思想在痛苦中成熟。在黄州，他亲近自然，欣赏美景，灵性觉醒，身心舒展。"惟江上之清风，与山间之明月，耳得之而为声，目遇之而成色，取之无禁，用之不竭。"他不禁欢喜叹道："是造物者之无尽藏也。"

许多著名的诗文正是在这一阶段诞生的，他的书法艺术也大有长进。我喜欢的《定风波》是这样写就的——当时苏东坡在朋友们的陪同下去看一块地，回来时突遭淋雨，个个淋得狼狈不堪，唯独苏东坡似乎不觉有雨，安步徐行。

"莫听穿林打叶声，何妨吟啸且徐行。竹杖芒鞋轻胜马，谁怕？一蓑烟雨任平生。料峭春风吹酒醒，微冷，山头斜照却相迎。回首向来萧瑟处，归去，也无风雨也无晴。"

联系苏东坡的经历，这里的烟雨还是自然的烟雨吗？那是人生的风雨。任凭风吹雨打，我自淡定从容，丝毫不在意。人生拥有这样的态度何其重要！苏东坡正是带着如此心境从黄州、惠州、儋州三个流放地走过来。否则，他是挺不下去的。从朝中重臣一下子成为流放罪臣，一般人心理上是承受不了的。

李一冰先生这样赞叹："人间一切变幻无常，唯有超脱物外，才能一尘不染；唯有安步徐行于大雨中的人，才能'回首向来萧瑟处，也无风雨也无晴'地坦然归去；有这样任天而动的襟怀，才令人望之如神仙。"

复旦大学朱刚教授在《苏轼十讲》中感喟："不管外在的境遇如何变幻，都如云烟过眼，明净透彻的心灵不会被外物所困折，因为无所计较，故而所向无敌。这不是一种虚无主义，而是明白宇宙与人生的真谛后，对身世利害的断然超越。"

在自己身上克服时代

读了上面两段评论，你可别以为苏东坡不食人间烟火。

相反，他自食其力谋生活。他带领家人开垦东坡，种植大麦，搭建雪堂，修筑水坝，开挖鱼塘……生活过得热腾腾的。他爱美食，穷困潦倒的他买不起美味，只好想尽一切办法。

你知道有名的"东坡肉"是怎么来的吗？他到黄州后发现猪肉特别便宜，"黄州好猪肉，价贱如泥土"，就买点猪肉自己做，发明了东坡肉。被贬到惠州后，他给苏辙寄万里家书，传授啃羊脊骨的美味——将羊脊骨煮熟，过了水，洒上酒，抹上盐，烤至微焦。肉些许，但味极美，品尝起来有蟹的味道！到了海南，他的小儿子苏过用当地芋头做了一个羹，他觉得是人间绝味，专门写了一首诗来赞美。

你看他，不抱怨，不挑剔，总能苦中作乐。这就是超然物外的人生态度。他豁达做人，宽心待人，忠于自己的信念，践行自己的道德准则，在自己身上克服时代，活出一个人应有的模样。几乎每一个中国人，都会在不同的境遇里与苏东坡相遇，都能从他的艺术里重新感受人生。

最后，要致敬作者李一冰先生。这部书是他的生命之书，凝聚巨大的心血。他命运多舛，在牢狱之中读懂苏东坡，出狱后笔墨饱蘸深情，直抵你我的心灵。

老爸

第四辑

慢慢走，欣赏啊

——那些永恒的经典

徘徊在人生的十字路口

那些永恒的经典

如闪电，如路标

指引你前进的方向

孔子的快乐之道

——与孩子聊《论语》^①

孩子：

我年过而立才读《论语》，时间比较晚。2012 年 10 月，我的老师何伟俊先生开设"《论语》与现代教育思考"系列

① 参考书籍：《论语译注》，杨伯峻译注，中华书局，2006 年。

讲座，我跟在他后面听了两年。三年后，何老师将讲稿结集出版，名为《〈论语〉里住着的孔子》，正如书名，孔老先生一直住在《论语》里呀，只不过，我们后辈将之视为高冷的经典，束之高阁，不能继承老祖宗留给我们的精神遗产。

　　梁文道先生认为，不经过一番努力，一番奋斗，我们实在没有资格说《论语》是我们老祖宗留下来的宝贝。其实，他强调的是阅读经典应有的态度。面对经典，我们最好的姿态是虚心受教，用心领悟，躬身实践。

经典离我们并不遥远

　　人免不了生气，这无可厚非。但有些人喜欢把怒火发泄到不相干的事情上。不知道你有没有这样的体验，特别是当你遇到难题一时解不开，或者遇到其他糟心事时，看什么都不顺眼。这表明你不能控制好负面情绪，反而让"生气"把自己控制了、束缚了。孔子表扬颜回"不迁怒，不贰过"，说他心灵强大，不会被怒火、错误所控制。

　　有些孩子爱摆脸色给父母看，可以读这一篇："色难。有事，弟子服其劳；有酒食，先生馔，曾是以为孝乎？"杨伯峻先生译作："儿子在父母前经常有愉悦的容色，是件难事。有事情，年轻人效劳；有酒有肴，年长的人吃喝，难道这竟可认为是孝么？"孔子回答子夏的话，你认为这是孝吗？

在生活中交朋友，不妨以孔子的这句话作为金科玉律："视其所以，观其所由，察其所安。人焉廋哉？人焉廋哉？"这个人值不值得你交往，要观察他因何去做这一事，再观察他如何去做，以及心情如何，安与不安。如此，那人向何处藏匿呀？那人向何处藏匿呀？

钱穆先生对此妙评："孔子教人以观人之法，必如此多方观察，其人之人格与心地，将无遁形。然学者亦可以此自省，使己之为人，如受透视，亦不至于自欺。"

这样的事例，在书中俯拾皆是。你读进去，会改变你对孔子的刻板印象。原先，可能在你的印象中，孔子就是一个头发花白、满口之乎者也的老学究，但读进去，你会发现这位老先生很有意思，他有时会被笑话，有时会吃瘪，还常常被门人质疑。子路对他有时不友好，他也不生气，甚至还开弟子的玩笑。他说真话，也说反话，还喜欢自嘲；他骂人，也表扬人。

这样的孔子，使人敬，亦使人亲。

孔子的开学寄语

孔子一生坎坷，胸藏锦绣却郁郁不得志，面对陈蔡绝粮和匡地被围的绝境，依然弦歌不辍，恪守君子之道。在我心中，他是一个快乐的圣人。他深谙快乐之道，不信你看《论语》开篇：

子曰："学而时习之，不亦说乎？有朋自远方来，不亦乐乎？人不知而不愠，不亦君子乎？"

何伟俊先生称之为孔夫子的开学寄语。夫子在开学当日就告诉弟子们："学习是一件快乐的事。"孔子曾经很谦虚地说自己没有更多的其他优点，他唯一的优点就是好学。从他"十五而志于学"开始，一直学而不厌、学思结合、老而不倦。

学习是人的本能。人来到这个世界上，第一件事就是学习。婴儿学习如何生存，如何与周遭世界进行有效互动。长大一点后，社会人际关系越来越复杂，你要学习做人、做事的道理，学习如何与别人相处。否则，你会迷惘，看不透这个世界。

学了之后就要"习"。"习"的繁体字上面是"羽"，就是小鸟张开翅膀练习飞翔。小鸟光听鸟妈妈讲飞行的道理是没用的，鸟妈妈必须把小鸟从鸟巢里推出去，逼着它天天练习。你小时候学骑自行车，我在旁边说骑行要领一百遍，你不上去亲自练一练，行吗？这就叫"光说不练假把式"。所以，"习"是实习、操练之意。

那么，为什么会"不亦说乎"？因为我们学到了道理，在练习中将道理付诸实践，成为我自身的一部分。由未知到已知，自我得到完善，这难道不是一件值得高兴的事吗？孔子在齐国学习《韶》乐，终日练习弹奏，如痴如醉，反复吟唱。三个月里，他连最美味的肉都不知道是什么味道了，"三月不知肉味"。这种深层次的快乐是无与伦比的。

我们再看第二句："有朋自远方来，不亦乐乎？"有朋友从远方来相聚，大家一起研讨学问，切磋修养，叙述往日情谊，这当然是一件快乐的事情。这里的"朋友"是指志同道合的伙伴。"友直，友谅，友多闻"，朋友坦然相处，彼此思维碰撞、互学共进，快乐在心里荡漾开来。真正的朋友，是时间留给我们最好的礼物。哪怕明日天各一方，心也不会分离。

"悦"是面对自己，侧重于内心感受，读书修行的快乐是发自内心的。朋友来了，你很快乐，但这种"乐"不是内敛的，而是形之于外，热情洋溢，富有感染力。李泽厚先生指出："'悦'仅关乎一己本人的实践，'乐'则是人世间也就是所谓'主体间性'的关系情感。那是真正友谊情感的快乐。"

这正是君子的修行

"人不知而不愠，不亦君子乎？"关于这句话，我想起你读李长之先生的《孔子的故事》后，写下的一段感悟：

面对你（孔子），我有些惭愧。你曾说过一句话，我一直记在心里："人不知而不愠，不亦君子乎？"人家不了解你，你却不怨恨，这难道不是君子吗？而我，别人说我两句，我就会感到委屈、气愤，甚至耿耿于怀。

没错，人生在世，委屈是不可避免的。这世上难以找到真正理解你的人，包括你身边最亲近的人。你总会遇到被别人误解的时候，或许你的能力被人忽视，你的成绩被人抹杀，内心忧伤、愤怒，哪有一丝快乐的踪迹？但是孔老夫子告诉我们，别人不了解我的才干，不要因此怨叹时运不济，这正是君子的修行啊。有了这些修养，快乐就会源源不绝。他还说过："不怨天，不尤人，下学而上达。知我者其天乎！"快乐的来源并非依赖于外在的因素，而是内在的精神力量。做到这一点，你就能在这个不完美的世界保持内心的快乐。

你看，孔子的快乐之道就藏在《论语》开篇，需要我们细细参悟其中的大智慧。《论语》中的人生哲理、处世名言，例子太多，不胜枚举，你可以在阅读中自己去发现和体会。市面上《论语》译注本非常多，我个人推荐杨伯峻的《论语译注》。另外，钱穆的《论语新解》、李泽厚的《论语今读》、傅佩荣的《我读孔子》、薛仁明的《孔子随喜》、何伟俊的《〈论语〉里住着的孔子》各有特点，都值得一阅。

傅佩荣先生在《我读孔子》一书最后写道："从儒家思想中，我们可以明白'学'和'思'并重，懂得一个人面对富贵跟现实的挑战时，知道如何去取舍，懂得如何去交朋友；知道哪些是命定或缘分，哪些是可以取舍的；如何在其中选择好的朋友，分辨坏的朋友，这些都要一步步去做……作为一个中国人，会以拥有儒家传统为傲。"

多年来，我一直将《论语》放在床头。我的随身小包常携带中华书局的小开本《论语译注》。它是我的圣经。当遇到人生难题的时候，我会打开它，听听孔子的建议。在这个浮躁的社会，它不啻为一汪心灵的清泉，为内心增添一份安宁。今天推荐给你，希望你如孔老夫子一样，时时发现生命的快乐。

老爸

做一个善学者

——与孩子聊《学记》[1]

孩子：

我从教二十多年，读了不少中外教育书籍，有教学理论，也有实践智慧。它们给我的工作带来帮助，使我少走弯

① 参考书籍：《学记评注》，高时良编著，人民教育出版社，2016年。

路，较快适应了教育教学工作。要说哪一本对我启发最大，应该是两千多年前成书于战国后期的《学记》。它是我国也是世界上第一部最早论述教育的系统著作。

其实，它是一篇文章，是儒家经典《礼记》中的一篇。全文 1200 余字，文章短小精辟，语句精练，多用譬喻，说理透彻。虽年代久远，至今仍有重要的现实意义。每位教师都应该读读这篇文章。

学是教的前提，学是教学活动的基础。《学记》以学为本、因学论教，揭示了学生在学习方面的规律与准则，为广大学子指出了一条明确的学习之道。

玉不琢，不成器

《学记》开篇提出"君子如欲化民成俗，其必由学乎"的观点，认为只有通过教育这条路径才能实现统治者的目的，即教化人民，培养良好的风俗。就一个人的成长而言，学习的重要性毋庸置疑。

《学记》说："玉不琢，不成器；人不学，不知道。是故古之王者，建国君民，教学为先。《兑命》曰：'念终始典于学。'其此之谓乎！"璞玉不经过一番琢磨，就成不了贵重的玉器；同样，人不经过一番教育，就不懂得道理。所以，自古帝王要建立国家，统治人民，无不先从教育入手。《尚书·兑命》说:"统治者要终始如一地重视教育的作用。"就是这个意思吧。

玉;看起来是一块普通的石头,工匠们用工具把它们雕成各种漂亮的形状,并磨得光滑闪亮,如此才能美丽动人。其实,我们每个人都是一块玉,只有受教育,在老师的谆谆教诲下才能成为一个有用的人。

"建国君民,教学为先"是从国家来讲,兴国安民。只有每个人变得更好,国家才会越来越好。而良好的教育,能让个体变得更好。什么是更好?《学记》提出"离经辨志、敬业乐群、博习乐师、乐学取友、知类通达、强立不返"。

所以,要树立正确的学习态度。学习始终是自己的事,不是老师与家长强加于你的。学习的过程是你不断积累精神财富的过程,你的认知版图在不断扩大,心智水平在不断提升。通过学习处理各种情境和问题,你就拥有了身体、情感、认识等方面的社会经验。这些经验进一步塑造了你。你因而了解世界、理解他人以及认识自己。长大后你才能立足社会,更好地进入未来。

善学者,师逸而功倍

那么,该如何学有成效呢?《学记》说:"善学者,师逸而功倍,又从而庸之。不善学者,师勤而功半,又从而怨之。"善于学习的学生，教师花的精力不多而收效很大，对于教师又能表示感激之忱。不善于学习的学生，教师花的精力很多但收效很少，反而还会埋怨教师。

与其埋怨教师，不如做一个善学者。

善学者会反思。《学记》指出学习中学生的缺点有四种类型："或失则多，或失则寡，或失则易，或失则止。"有的缺点表现在贪多务得，不求甚解，有的缺点表现在知识面狭窄，有的缺点表现在对学习的艰巨性认识不足，有的缺点则表现在畏难，缺乏刻苦钻研精神。主要问题是学习态度与方法。你可以对照自身，看自己是否存在这样的缺点，再对症下药进行自我矫正，"一日三省吾身"式地检查并调整自己的学习思想和行为，很有必要。

善学者会实践。"虽有嘉肴，弗食不知其旨也；虽有至道，弗学不知其善也。"虽然烧了好菜，不经过品尝就领会不到它的美味；虽然有深远的道理，不经过学习钻研就领会不到它的奥秘。所以，只有通过学习才能知道自己的不足。你在学校里学知识的目的不是应付考试，而是要能在生活中运用，进而解决生活中遇到的真实问题。这离不开实践，也就是孔子说的"学而时习之"。

那么，什么时候实践呢?《学记》指出："时教必有正业，退息必有居学。"在课上学好"正业"，在课后做好"居学"。休息的时候也有种种课外作业，这正是练习的时机。

《学记》又说："不学操缦，不能安弦；不学博依，不能安《诗》；不学杂服，不能安礼。不兴其艺，不能乐学。"强调的是课内与课外的关系，兴艺乐学，知行合一。

善学者会合作。《荀子》说："多见曰闲，多闻曰博。"多见多闻一靠亲身实践，二靠朋友辅助。有的人喜欢独自学习，不喜欢与别人讨论交流，这样学习知识比较浅薄，不能对知识有较深的理解。正如《学记》所言："独学而无友，则孤陋而寡闻。"我每逢一个话题百思不得其解，或者备课遇到困难时，便打电话向好友讨教，聊着聊着，内心就豁然开朗了。

所以，择友很重要。我们要多交益友，不交损友。"燕朋逆其师，燕辟废其学。"如果交友不慎，搞不正当的事，就会违背师长的教诲，甚至荒废学业。

一个人的学习离不开环境的影响，老师和朋友是学习之路上的重要他人。"安其学而亲其师，乐其友而信其道。"我希望你在学习之路上亲近老师，交好朋友，恪守信念。在求学之道上遇到仁爱的好老师，结交志趣相投的好朋友，切磋琢磨，共同进步，真是人生一大快事啊！将来即使离开了师友，你的学业和道德上也不会走回头路——"是以虽离师辅而不反也"。

《学记》里还有一些关于学习的言论，如"善问者如攻坚木"，"藏焉，修焉，息焉，游焉"，"时过然后学，则勤苦而难成"，等等，蕴含学习的道理，你阅读并实践能促进自己主动学习。关于教师如何教学的言论更多，你有所了解，从另一个角度审视自己的学习，未尝不是一种鞭策。

老爸

朱自清的国学课

——与孩子聊《经典常谈》[1]

孩子：

上次我问你喜欢哪位名家的散文，你毫不犹豫地答：朱自清。的确，朱先生的《匆匆》《春》《绿》《荷塘月色》真是字字珠玑，篇篇锦绣。《背影》亦感人至深。你有所不知，

---

[1] 《经典常谈》，朱自清著，人民文学出版社，2022 年。

朱先生曾说："国学是我的职业，文学是我的娱乐。"他是大学教师，将学术研究作为毕生志业，所教授的课程以国学为主。他有一本小册子写于1942年，是专门为中学生撰写的国学读本。朱先生在书中谈论中国传统文化如数家珍，如四书五经、诸子百家、历代辞赋诗文，等等。书中所谈均为国学经典，故名为《经典常谈》。

说到国学经典，你怕是要皱眉头了。朱自清自己也承认："我国经典，未经整理，读起来特别难，一般人往往望而生畏，结果是敬而远之。"为了启发青年学子踏进国学的芳草园，寻幽探胜，朱先生乐意做一位热心的向导，引导大家徜徉其间，欣然忘返。恰如叶圣陶所说："假如把准备接触这些文化遗产的人比作参观岩洞的游客，他就是给他们当个向导，先在洞外讲说一番，让他们心中有个数，不至于进了洞去感到迷糊。"

切实而浅明的白话文导言

叶圣陶说它是一些古书的"切实而浅明的白话文导言"，可谓评价中肯。朱自清非常考虑读者的感受，注重用白话重述经典，用亲和的口吻、谈心的笔调娓娓道来。

《经典常谈》的每一篇，几乎都有一个引人入胜的开场白，就像教师的新课导入，一下子就抓住了读者的心。如

《〈说文解字〉第一》，作者从传说中的仓颉造字说起："这仓颉据说有四只眼睛，他看见了地上的兽蹄儿鸟爪儿印着的痕迹，灵感涌上心头，便造起文字来……"接着引用《易·系辞》中"后世圣人"的观点，指出传说不可信。随后在故事中讲汉字的演变，特别是讲述"六书"知识不厌其烦，使枯燥的内容变得生动。你会明白象形字、假借字、形声字原来是这么一回事啊。还有书体演变的原因与过程，如隶书如何产生与发展，也是一目了然。

也就是说，朱先生每介绍一处"景观"，必讲它的源头在哪里，又向何处发展，令游客们产生兴趣，生探究之心。再如讲《尚书》，他先提到"《尚书》是中国最古的记言的历史"，再讲《尚书》的内容与流传。在流传过程中，《尚书》的命运是一波三折。一开始济南伏生藏书于墙壁，颇具传奇色彩；之后孔子的后人孔安国加以整理，献出《古文尚书》；刘向、刘歆父子引发今古文之争；汉成帝时张霸、三国末年王肃伪作《古文尚书》，特别是王肃的流传甚广，虽屡遭怀疑，一直到清代才找到确切证据，伏生《尚书》才从千年迷雾中重露真面目。在叙述中，朱先生还穿插介绍《尚书》的思想。你看，朱先生沿时间之流讲真伪之分，条分缕析，令人暗暗称快。

可见，朱先生不是板着面孔上课，而是以轻松的口吻、通俗的语言讲述古老的故事。作者也是运用自己倡导的"活的口语"，如《〈诗经〉第四》开篇就讲故事："诗的源头是歌谣。上古时候，没有文字，只有唱的歌谣，没有写的诗。一个人高兴的时候或悲哀的时候，常愿意将自己的心情诉说出来，给别人或自己听。日常的言语不够劲儿，便用歌唱；一唱三叹得叫别人回肠荡气。唱叹再不够的话，便手也舞起来了，脚也蹈起来了，反正要将劲儿使到了家。碰到节日，大家聚在一起酬神作乐，唱歌的机会更多……"这一段文字画面感十足，亲切活泼，使你眼前一亮，与经典的距离也近了。

为什么读经典

进入二十一世纪，读经典还有它的意义和价值吗？朱先生在序言中早已给出答案："经典训练的价值不在实用，而在文化。"他同时举"一位外国教授"的话说："阅读经典的用处，就在教人见识经典一番。"结合时代语境，我们或许能理解朱先生对文化传承的苦心。

人类文明的优秀成果，通过阅读经典代代相传。前面讲的那个伏生，秦始皇焚书时，他冒着生命危险将《尚书》藏于旧宅墙壁之中，后流亡他乡。汉定天下后，他回到家乡寻找藏书，却发现很多书页已损毁了，仅存二十九篇。他就守着这些，自顾传播文化。薪火相传，生生不息，经典正由一代代前人守护、创造、传承，成为中华儿女的文化基因，共同构筑中华民族精神的源泉。

我们有优秀传统文化的底蕴，有提倡文化自信的深厚根基，对中华文化的生命力有坚定的信心。而文化渗透在每个人身上，存在于我们的日常生活中，潜移默化地左右着我们的言谈举止、待人接物及行为规范。中国人相处，不善讲谈权利义务，讲求的是合情合理，有礼有义。源头还在古典文化里。《"三礼"第五》中讲："日常生活都需要秩序和规矩。居丧以外，如婚姻、宴会等大事，也各有一套程序，不能随便马虎过去；这样是表示郑重，也便是表示敬意和诚心。"我们阅读经典，接受生命中的熏陶与涵养，也需要这份"敬意和诚心"。

选择性阅读

《经典常谈》一出版，就受到西南联大教授们乃至学界一致好评，直至今天，仍受读者们喜爱。我们在阅读时可采取多种方法，可以通读，可以精读。这里我推荐选读。

上海师范大学王荣生教授认为：选读，是较快地"读过"一本"有难度的"理论书最常用的阅读方式。也就是说，基于你的阅读目的或兴趣，阅读理解的重心放在"你认为重要的"内容上。

你如果对古代文学感兴趣，可以先读《诗第十二》《文第十三》两篇；如果对历史感兴趣，则可以从《〈战国策〉第八》《〈史记〉〈汉书〉第九》读起；如果对民间八卦之说感兴趣，不妨去读《〈周易〉第二》；如果想探究汉字文字，不妨去读《〈说文解字〉第一》；如果想探究春秋战国时期的诸子百家文化，就读一读《诸子第十》吧。

　　你读后如果觉得不过瘾，可以进一步拓展阅读。如读完《诗第十二》，可以进行专题阅读，对汉乐府、唐诗、宋诗等主题深入探究，家中有这方面的书供你选读。此书是个引子，听先生的话，我们要把《经典常谈》当作"一只船"，"航到经典的海里去"。

老爸

站在终点思考人生

——与孩子聊《相约星期二》[①]

孩子：

　　最近，你刚读完这本书，今天我来与你聊聊。

　　一个老师，一个学生；一个老年人，一个年轻人；一

---

① 《相约星期二》，[美]米奇·阿尔博姆著，吴洪译，上海译文出版社，2007年。

个生命垂危，一个年富力强。这场关于人生的对话，很有意思，也发人深省。正如南桥先生说，这是一本励志读物，它的可贵并非教人成功，而是教成功者如何生活。

你说，莫里老师给你的第一印象就是幽默、乐观，还有他不向死亡屈服的精神。在生命的最后几天，他没有陷入对死亡的恐惧，而是开始思考生活。

是的，正是有死亡这个终点存在，人们不得不去想"我应该怎样生活"。这是生命中的大问题。但这样的思考往往来得很迟。因为对于一般人而言，死亡终归是很遥远的一件事。人们忌讳谈论死亡，它的阴影太沉重，就连大圣人孔子也说过"未知生，焉知死"。

莫里老师得了绝症，当他走出诊所的那天，就在思考一个问题——"我就这样枯竭下去直到消亡？还是不虚度剩下的时光？"他不甘枯竭而死，选择勇敢地去面对死亡。

你看，即使在生命的最后关头，人仍然是自由的，仍然可以选择过有价值的人生。疾病让人的身体不自由，却无法遏制蓬勃的心灵。

他的人生态度是积极的。一个智慧的老人站在终点思考人生，就显得格外有意义。知识不等于智慧，智慧源于对生活深刻的洞察和理解。一个人经过岁月的淬炼，应对生活中的种种问题甚至困境，他在历练中才能获得人生的智慧。

现代生活的迷思

我们这个时代，有太多的迷思。人们总认为拥有越多越好。莫里老师的学生米奇毕业后，拼命过着标配的人生：车子、房子、票子，追求工作上的成就……生活被窄化为数字。他每天就像一辆推到最高挡速的车子运行着。

米奇却很困惑，分不清什么是自己想做的，什么是别人期望自己做的。

需要说明的是，追求这样标配的人生并没有错，人有权利去渴求更为体面、更为舒适的生活。我也希望你将来生活得好。但一味追求这些，心灵可能会陷入空虚之中，会觉得缺点什么。这时候，需要退后一步，审视当下，重新来定义生活。

当米奇偶然听到敬爱的大学老师来日无多时，他踩下刹车，来到老师的客厅，带上录音机，每个星期二聆听最后的课程——死亡、自怜、遗憾、家庭、感情、爱的永恒……

对待死亡的态度

死亡每天都会发生，即使我们不刻意思考，它总是在那里虎视眈眈。而我们从来就没有真正的死亡教育。当看到年轻的生命逝去时，心中可惜，仍然视死亡为一件遥远的事。正如莫里老师说，每个人都知道自己要死，可没人愿意相信。如果我们相信这一事实的话，我们就会做出不同的反应。

因为我们知道自己是有限的，我们的生命有其终点。思考死亡，就是观照现实本身——生命的意义何在？什么才是我们值得珍视的价值？我们又给这个世界留下什么？如此宏大，如此重要，如此贴己，我们又怎能随随便便地抛洒自己的生命？

你欣赏莫里老师对待死亡的态度——"死亡终结了生命，但没有终结感情的联系。"在生命的最后关头，一般人都无奈地向命运屈服，黯然接受自己的不幸。莫里老师坦然接受命运的安排，并给米奇及电视机前的人们上了最后重要的一课。

爱这个世界

"相爱或者死亡"是莫里老师喜欢的一句名言。每个星期二，他谈论得更多的是爱，爱这个世界，因为有那么多的不幸。"只有当我奉献出了时间，当我使那些悲伤的人重又露出笑颜，我才感到我仍像以前一样健康。"

爱自己的每一个阶段，不惧怕衰老。"当我应该是个孩子时，我乐于做个孩子；当我应该是个聪明的老头时，我也乐于做个聪明的老头。我乐于接受自己赋予自己的一切权利。我属于任何一个年龄，直到现在的我。"

爱他人，原谅别人的过错，也原谅自己。他让米奇反思自己与弟弟的关系，最终米奇与弟弟达成了和解。

莫里老师对当下文化进行反思，这一点对于米奇而言，意义非凡。

"拥有越多越好。钱越多越好。财富越多越好。商业行为也是越多越好。越多越好。越多越好。我们反复地对别人这么说——别人又反复地对我们这么说——一遍又一遍，直到人人都认为这是真理。大多数人会受它迷惑而失去自己的判断力。"

真的是越多越好吗？莫里老师认为这是主流文化对大众的一种误导，我们应该为建立自己的文化而努力，对于真正的大问题，必须自己拿主意，自己做判断，不要让别人代替自己选择。

让我们一起努力吧！

老爸

过哲学的生活

——与孩子聊《季风青少年哲学课》[①]

孩子：

　　与你聊书也有一段日子了，我们在文字里相遇，在书籍里共鸣。我将自己的阅读感受伴随着噼里啪啦的键盘声，与

①　《季风青少年哲学课》，刘擎等著，广西师范大学出版社，2018 年。

你见面。这也是一种奇妙的体验。你现在正是最忙的时候，有时我们连坐下来聊一聊也很奢侈。面对繁忙的生活，阅读是一种暂时的突围，突破重重铁幕，到达自由开阔之地。

前些日子，我一直在与你口头交流一本书。我朗读书中的一个个好玩的情境题，让你做出判断："飞矢不动""电车难题""幸福体验机""缸中之脑"，等等。你置身于一个个复杂的情境中，有的题目竟无以作答。因为在现实中，我们几乎不会遇到这样的难题。成人的生活似乎单调得只剩下了工作以及娱乐，而你们的生活恐怕也单调得只剩下了学习。

我们的教育，在单一的维度上并没有教会我们如何思考，如何面对复杂的人生问题。现实中没有想象的余地，或者说没有想象生存的空间。我们也很少有时间去审视当下的生活，渐渐没有好奇心与批判力。但苏格拉底告诉人们，未经审视的生活不值得一过。

今天我们所谈的《季风青少年哲学课》就是这样的一本书，它试图唤醒青少年朋友的好奇心与想象力，以思辨的态度对待习以为常的正确。全书共分为八讲，主题涉及自我、生命、心灵、爱和科学等，由上海季风书园邀请的八位来自上海高校的哲学教师担任主讲。因为听众是青少年，所以这些讲稿尽量做到生动有趣，将深奥的哲学问题讲得深入浅出。我们阅读，就仿佛坐在那里，听那些青年名师谈哲学，聊人生。

哲学积极的一面

其实，孩子从小是亲近哲学的。我幼时经常思考一连串的问题：我是谁？我为什么在这里？我为什么有这样的感觉？别人是否知道我此时的感受？想着想着，人就陷入了不可描述的境地里。书中引导我们追问：假如我在一次手术中更换了心脏，我还是我吗？卡夫卡《变形记》中的主人公格里高尔，变形成一只甲虫，他还是他吗？

这涉及哲学上的"人格同一性"问题，也就是我们自身是谁的问题。按照洛克的记忆理论，人格不单由身体构成，还由意识决定，正是因为记忆，才证明了自我的存在。卡夫卡的《变形记》揭示身体与意识并不是截然分离的，人格的同一在于生活在同一个世界中。弄清了"我是谁"的问题，懂得了人格的意义，我们就会明白自己的角色，认真思考活着的意义以及死亡的价值——

"假如相信越过死亡的边界我们将抵达另一个世界，那么这一信念或许会使我们更容易面对死亡一些，也更容易接受挚爱亲人的死亡。而如果死亡是彻底的终结，那么这将促使我们思考生命的意义何在，什么才是我们值得珍视的价值，在死后我们想要留给他人和世界的是什么。无论哪一种选择，对生命之有限的思考都应当把我们引向对此生此世的关照，对生命中最美好事物的肯定和赞颂。"

这是哲学积极的一面。它让人在沉思中变得勇敢。

哲学中的思想实验

我们再回到前面提出的那些难题。

"电车难题"中，如果你是驾驶员，你怎么做？"幸福体验机"中，你可以获得任何你想要的体验，你会真正幸福吗？"缸中之脑"中，现实是否存在？我们的"现实感"是不是真实的？"甲虫游戏"中，维特根斯坦所说的"语言"是怎么一回事？"飞矢不动"中，芝诺的逻辑出现了悖论，问题到底出在哪里……

这些哲学中的思想实验，引导我们打破常规的思维方式，辩证地思考问题，从而全面、深刻地理解本质——什么是真假？什么是对错？什么是好坏？我们习惯于凭感觉或经验对客观事实做出判断，但具体的情境往往是复杂的。遇到具体的问题，哲学就是更进一步让你不囿于已知的认知，不盲从他人的判断，摆脱偏见、蒙昧与顽疾，在不断怀疑、追问和探究之中开辟一条全新的道路。

读者郭初阳说："思想实验并不因为与现实不合而失去意义，那是我们突然跃起，短暂离开地球的时刻，这是哲学家的天真，更是少年的天真。"

哲学作为一种生活方式

　　哲学的思维就是回溯本源，为熟视无睹的事物正名。第三讲《科技与技术》从另一个角度来理解什么是技术，什么是科学，以及科学与技术的关系。古人认为进行实践的背后有一种精神，就是技术。后来技术成了为目的而制作的活动，并在总体上决定了我们的存在方式；"科学"这个词语内涵随时代的发展而变化。

　　这一讲从历史的角度、方法的角度、知识结构的特征看科学的因素，彼此补益，互相映照，给人启迪。科学与技术不断交融的今天，彻底改变我们的生活，也在悄然改变人与人、人与社会的关系。由此，我们思考日常生活的基础，想想世界的模样及其背后的机理时，离哲学就更近一步。

　　如果你继续阅读，还会与亚里士多德、苏格拉底、柏拉图、海德格尔等先哲交谈，你将进一步对幸福、美、自我、生存等重要的主题进行深入了解。或者你会陷入困惑，在很长时间里不理解。没关系，刘擎老师这样认为："作为一种生活方式，哲学是一个'动词'，它不是一个我们能掌握于手的东西，而是一个不断在展开的追寻智慧和生活的旅程。"

　　愿你在紧张的学习之余能开启这个旅程，过一过"哲学的生活"，并在其中享受思考的快乐。

老爸

人生趣味从何而来

——与孩子聊《给青年的十二封信》^①

孩子：

　　按照《现代汉语词典》中的解释，你现在应该属于青年人。与青涩的少年相比，青年无疑有更为绚丽的色彩。诗人

①《给青年的十二封信》，朱光潜著，译林出版社，2018 年。

冯至说过："人们爱把青年比作春，这比喻是正确的。可是彼此的相似点与其说是青年人的晴朗有如春阳的明丽，倒不如从另一方面看，青年人的愁苦、青年人的生长，更像那在阴云暗淡的风里、雨里、寒里演变着的春。"

青年人身上充满鲜活的生气，但要应对外界的风雨和寒冷，担当生活中的责任和使命，妥善处理内心和外界的关系。在此过程中，每一位青年人都有站在十字路口孤单、彷徨的时候。

怎么办？阅读朱光潜先生的《给青年的十二封信》，或许能帮助我们找到答案。这本书是朱先生在 20 世纪 20 年代旅欧期间写给国内青年人的。他以书信的方式就青年关心的话题，如读书、修身、社会运动、升学、人生情趣等，给出独到而中肯的建议。他情感真挚、语言朴素，读这些信有如朱先生在你面前娓娓而谈，如沐春风。

寻出一种趣味

说到兴趣，朱先生第一封信就谈"读书"。他列举富兰克林、孙中山勤于读书的事例，指出人总能抽出时间读书。要养成读书的习惯，在学问中寻出一种兴趣。"你如果没有一种正当嗜好，没有一种在闲暇时可以寄托你的心神的东西，将来离开学校去做事，就不定要被恶习惯引诱……你如果在读书中寻出一种趣味，你将来抵抗引诱的能力比别人定要大些。"

这里的"读书"不是指读教科书，而是课外书。读书要有选择，不要只读新书，要读经典的书；读书也有方法，凡值得读的书都要读两遍。

他谈升学与选课，不要一味迎合社会的需要确定选科的标准，要与自己的兴趣资禀相近。这封信中的诸多建议能给你将来选择大学与专业带来启发。

孩子，人的一生如果一味讲实用，一味迎合社会需要而不顾自己的兴趣，那生活可能会枯燥无味、了无生趣。

向民间去

人不能"两耳不闻窗外事，一心只读圣贤书"，要参加社会活动，在广阔的天地中锻炼自己。

朱先生针对当时社会上学生运动事件发表自己的看法，他认为读书与爱国不可分，青年人是要多参加社会生活，教育不能与生活绝缘。

但救国不能像社会运动家那样喊喊口号就了事了，而要真正去行动起来，用朱先生的话说，就是"向民间去"。要真正走进社会，感受真实的现实，用自己的力量做一些改变，而不是空喊口号。

朱先生向习俗开战，他认为青年人站在十字街头，而十字街头上握有最大威权的是习俗。一种社会所最可怕的不是民众浮浅顽劣，"它所最可怕的是没有在浮浅卑劣的环境中而能不浮浅不卑劣的人"。作者直击社会积弊的声音，今天同样具有警醒意义。青年人不盲从偶像，不因袭守旧，不迷失自我。这才是青年人应有的精神面貌。

认识人生的复杂性

书中诸多文章能提高我们对人生的认识。朱先生在《谈多元宇宙》一文中指出："人生是多方面的，每方面如果发展到极点，都自有其特殊宇宙和特殊价值标准。我们不能以甲宇宙中的标准，测量乙宇宙中的价值。"有人遵从"道德的宇宙"，有人遵从"科学的宇宙"，有人遵从"美术的宇宙"，也有人遵从"恋爱的宇宙"，我们不能以单一的价值标准来衡量万事万物。你要找到自己的生存准则，保持至纯、至真，在多重准则下必然内外冲突不断，烦恼不已。

面对烦恼，面对愁苦，朱先生劝青年人动起来，不要闲着。

比如，你的房间长时间没有整理，东西零乱，灰尘满地，心情肯定不爽。那就动起来，打扫一番，房间焕然一新，心里就有不可言喻的快慰。或遇其他难事，一时解不开，不如出去走走，散散步或者打打球。

"人生乐趣一半得之于活动，也还有一半得之于感受。"朱先生提醒我们不要忘了领略生活中的静趣。你读书累了，写作业烦了，可以听听音乐，或者下楼看云赏花，"容许自然界事物感动我的感官和心灵"，达到心界的空灵，这就是静。生活中动静相宜，则趣味横生。

静还是一种从容的慢生活态度。作者写他在卢浮宫前摩挲《蒙娜丽莎》的肖像，正悠然遐想时，一个美国旅行团蜂拥而至，三分钟后又蜂拥而去。没有人愿意沉下心来，静静欣赏这幅世界名画。当下，"效率"越来越成为人们追逐的指标，背后是越来越浮躁的人心。不能深入，不能耐苦，不能忍受长久的寂寞，已成为现代人的通病。

心不能安静，面对选择在取舍之间就徘徊不定。朱先生让青年坚定信念，学会摆脱。"认定一个目标，便专心致志地向那里走，其余一切都置之度外，这是成功的秘诀，也是免除烦恼的秘诀。"当然，这并不容易。

在复杂的世事面前保持良好的心态，我欣赏朱先生的两种看待人生的方法。一种是把自己摆在前台，和世界上的一切人、物一块玩把戏；还有一种是把自己摆在后台，袖手看旁人在那儿装腔作势。在前台看人生，朱先生强调的是像草木虫鱼一样顺着自然本性生活；在后台看人生，即退一步观世相，用欣赏的眼光去品一幕幕悲喜剧，人生也就多了另一层趣味。

书中金句很多，你可以摘录精彩的语句，或者意味深长的段落；如果觉得意犹未尽，可以在书旁写写灵光一现的想法；如果还觉得不够，可以写一篇书评，联系书中你深有感触的观点和自己的生活；你还可以给朱光潜先生回一封信，谈自己的收获与困惑。读书要输出自己的观点，才能读得明白、通透。

于我而言，与这本好书相遇太晚。人到中年才渐渐明白其中的一些道理。如果时光可以倒流，我很想对那时的我说：年轻人，好好读书，好好生活，别辜负了青春。

老爸

诗里诗外好人生

——与孩子聊《顾随诗词讲记》①

孩子：

在你很小的时候，古诗就走进你的生命。你慢慢地感受到李白的浪漫，杜甫的冷峻，王维的空灵，苏辛的豪放与易

---

① 《顾随诗词讲记》，顾随讲，叶嘉莹笔记，顾之京整理，中国人民大学出版社，2010 年。

安的婉约……你一开始只是在完成老师布置的任务，读啊，背啊，还要会默写。也许，就在一瞬间，某句诗徘徊在脑海中，你低声吟出来。

什么是好的诗词？

在《顾随诗词讲记》这本书里，或许有我们想要的答案。这本书很特别，是叶嘉莹教授追忆她的老师顾随先生，将多年的课堂笔记整理成书，如此我们方可有幸一览国学大师讲台上的风采与卓见。叶嘉莹教授后半生辗转流离，一直将这些笔记随身携带，可见其分量之重。

纵观这本讲坛实录，我们跟着顾随先生一路同行，一路欣赏。沿途风光旖旎，美不胜收。他在前面引路，说话有神韵，诲人有苦心。谈古人如逢老友，聊诗词如数家珍。听者紧跟其后，在诗词的密林里穿梭，欣然神会。

跳入生活里去

顾随先生认为，一位好的诗人，必须"跳入生活"中，经受人生的一番历练，方能有足够的力量。他特别推崇三位诗人：东汉之曹操、东晋之陶渊明、唐朝之杜甫。他说："曹，英雄中的诗人；杜，诗人中的英雄；陶，诗人中的哲人。"

顾随先生为什么给予他们这么高的评价？他如此解释：

"中国诗人一大毛病便是不能跳入生活里去，所以一读其诗便觉得离生活远了。曹、陶、杜其相同点便是都从生活里磨炼出来，如一块铁，经过锤炼始成钢。别的诗人都有点逃脱，纵使是好铁，不经锤炼也不是全钢，所以总有点'幽灵似的'。曹、陶、杜三人之所以伟大，就是他们在实际生活中确实磨炼了一番才写诗。"

别的诗人，如李白。李白的诗有仙气，顾随大加欣赏："太白诗一念便好，深远。"但是他指出李白的短处——"李白才高惜其思想不深。"或许就是因为李白踏入生活不深，锤炼不够，他有些诗缺乏感动人的力量。

"日月之行，若出其中；星汉灿烂，若出其里。"曹操，一代枭雄，心怀大志。长年征战，在腥风血雨中摸爬滚打，跳进生活之火炉去煅烧。所以，他的诗气象开阔、雄浑有力，历来为世人所称道。

杜甫呢，顾随先生是极欣赏的。"老杜诗真是气象万千，不但伟大而且崇高。"杜甫几经人世坎坷，饱受战乱、离愁之苦。他的诗出于生活，阅尽世事沧桑，记录人间疾苦。"老杜诗苍苍茫茫之气，真是大地上的山水。"或许是顾先生自己经历了人生之艰难困顿，对杜甫青睐有加吧。

我特别喜欢顾随先生分析的杜甫的《绝句》(两个黄鹂鸣翠柳)一诗。他和诗人心意相通。后两句诗寄托了诗人的理想，诗人打开心扉，从大自然中得到高尚伟大的情趣和力量。"窗含""门泊"，则其心扉开矣。如此解诗，深入诗人之心，入情，入味，且别具一格。

顾随先生认同陶渊明的生活方式。五柳先生躬耕田园，完完全全投入生活，且入得深，所写的诗是自己的农桑之事，并非像其他诗人，以旁观者的眼光看田园、写田园。"晨兴理荒秽，带月荷锄归"，不只是技能上的、身体上的，而且是心灵上的，写出了自己的最高理想。陶诗平淡真实，正如元好问评价之："一语天然万古新，豪华落尽见真淳。"

这三位诗人，都饱受生活的考验，他们的创作是"为人生的艺术"。好的艺术离不开生活，诗人入其深，才能表现出生活的厚重，诗歌方有"生的色彩"。亦如顾随先生谈创作："天下没有写不成诗的，只在一'出'一'入'。看你能出不能，能入不能。不入，写不深刻；不出，写不出来。"

作文之道，就在乎"一'出'一'入'"。好的文字不是无病呻吟，而是有真体验、真思考。缺少生命体验的文字，岂有打动人心的力量？

除此之外，顾随先生还点评了辛弃疾、李商隐、陆游等人的诗词，既毫不吝啬赞美之情，又不为古人讳，指出他们的不足。如李商隐诗唯美，但"小我"色彩浓重；陆游诗不伟大，无深意，但真实……

诗只是在感动人

顾随先生讲课，其内容海阔天空，跳跃性强。但你会发现，他所讲无一句空话、废话。即使三言两语，也蕴含敏锐的心灵感受，展现诗词的无限风景。如陈子昂《登幽州台歌》，顾随说："陈氏此诗读之可令人将一切是非善恶皆放下。"一句话直抵人心。再如，他点评"雨中山果落，灯下草虫鸣"（王维《秋夜独坐》）："诗的最高境界乃无意……岂止无是非善恶，甚至无美丑，而纯是诗。如此方为真美，诗的美。"

寥寥数语，精准、通透，见其真性情。他提出读书不要受古人欺，要自己睁开眼，拿出感觉来。"人要以文学安身立命，连精神、性命都拼在上面，但心中不可有师，且不可有古人，心中不可存一个人才成。学时要博采，创作时要一脚踢出。若不然便处处要低一格。"好一个"一脚踢出"，读此语，如见其人，如闻其声，想象其在讲坛上的风情神采。

谈到陆游，顾随先生掩饰不了喜欢："放翁忠于自己，故其诗各式各样。因他忠于自己，故可爱。他是我们一伙儿。"还有辛弃疾，"稼轩有时真通，而有时不通，通有通的好，不通有不通的好，可爱。一部稼轩词可作如是观"。好一个"可爱"，好一个"他是我们一伙儿"，潇洒，无遮拦。

不仅有真性情，还有真见识。古人用词讲究锤炼，顾随论之得失：一若无锤炼，或锤炼功夫不到家，则有冗句、剩字。二若过于锤炼，则减少了诗之美，没有弹性，缺少人情味。总之，"诗根本不是教训人的，只是在感动人"。诗要触动人的感情，锤炼是重要的手段，但不能为了锤炼而锤炼。

我赞同潘向黎博士在《梅边消息》一书中对顾随的评价："读顾随，方读得五体投地，他又亲切地将你扶起来；才忍俊不禁，他又使你肃然惕然而深思。"

广学问，通人生

任何学问都要观照自己的生命。顾随先生不只是在论古人，更是将古诗词融入当下，提倡积极的人生态度。读他的文字，你会感受到一种勇猛精进的担荷精神，并为之一振，心胸大开，感受诗词之魅力，感悟人生之意义。从诗里说到诗外，广学问，通人生。

"人应该发现自己的短处，发现了短处才能有长进，有生活的力量。沾沾自喜者多故步自封。因此，读古人诗希望从其中得一种力量，亲切地感到人生之意义。"

"人生最不美、最俗，然再没有比人生更有意义的了。抛开世俗眼光、狭隘心胸看人生，真是有意思。"

"一个人对什么都没兴趣便是表示对什么都感到失去意义，便没有力量，真的淡泊，像血肉的幽灵。我们要热衷地做一个人，要抓住些东西才能活下去。"

"人生最留恋者过去，最希冀者将来，最悠忽者现在。'满目山河空念远，落花风雨更伤春'是希冀将来，留恋过去，而'不如怜取眼前人'是努力现在。这样作品不但使你活着有劲，且使你活着高兴。"

"你不要留恋过去，虽然过去确可留恋；你不要希冀将来，虽然将来确可希冀。我们要努力现在。"

孩子，我们要努力现在。

老爸

在唐诗里读懂人性

——与孩子聊《唐诗可以这样读》[①]

孩子：

手边欧丽娟教授的《唐诗可以这样读》翻完了，我又读了一遍。诗无达诂，有各种读法，不少学者都著书立说。之

---

① 《唐诗可以这样读》，欧丽娟著，浙江人民出版社，2018年。

前，我读顾随先生的诗词讲记、潘向黎女士的《梅边消息》，你翻阅黄晓丹博士的《诗人十四个》。

真是"诗海泛轻舟，父女携手游。心随白云飞，诗意漾心头"。

唐诗不朽，从古至今都生机勃勃。

台湾大学中国文学系欧丽娟教授的这本新著，聚焦从初唐到晚唐的六大诗人，围绕他们的六大诗作，引领我们穿越一千四百多年。她贴近诗人心灵，洞察人性，还原历史情境，探究人性真相，为我们走进诗歌大门提供一把特别的钥匙。

从《琵琶行》说起

为什么说"探究人性真相"？书中谈到白居易的《琵琶行》，你刚刚学过这首诗，还记得老师是怎样讲的吗？琵琶女诉说不幸遭遇引发诗人感怀，同是天涯沦落人，情真意切，恻恻动人。这首诗的主题不难理解，白居易高超的艺术手法引起读者情感上的共鸣。十年前，我参加一次诵读竞赛，就选了这首诗。

欧教授评此诗，观点新颖，完全颠覆了我既有的认知。在她看来，琵琶女"可怜之人必有可恨之人"——乐在浮华之中不愿自拔，自己的选择停留在物质层面，对存在的环境缺乏认知。得意时纸醉金迷，失意时怨天尤人。一个处境可怜的人，一定有性格上可恨的弱点。琵琶女缺乏"自觉性的进取的意志"，随波逐流，无法做出生命抉择，是一个缺乏精神力量的庸俗女人。

而白居易为什么会"江州司马青衫湿"？因为他在某种程度上与琵琶女一样。他心性世俗，追求功名利禄，看重外在得失。他与琵琶女都是追求"繁华"甚至"浮华"的人，但他不愿意承认真实的自我，表现出清高恬淡的形象，却不自觉地在琵琶女身上投射了自己的潜意识。

这种表里不一，欧教授认为是"向往的理想之我"与"真实的本然之我"的分裂。作者考据严谨，引用苏东坡、朱熹、赵翼等历代名家评论作佐证，为读者还原一个真实的白居易。

所以，你不妨问问同桌，琵琶女身上有没有"可恨之处"？

我们身上有没有"可恨之处"呢？如果我们置身于那样的困境，是让周遭环境决定自己的命运，还是努力超越人生限制，达到实现自我的可能？

《月夜》的浪漫

这样解读古诗，当然是一家之言，但言之有理有据，令人信服。欧教授指出："一篇文学作品的意义不能只看表面、片面，必须更深一层，要整体、全面地给予定位。"我们从白居易的性格矛盾处，认识到人性的幽暗与复杂。看一个人，不能片面化、概念化。给一个人下定义、贴标签，永远是不靠谱的。

比如，"诗圣"杜甫在我们眼里是一个忧国忧民的形象，欧教授细细分析《月夜》一诗，还原了一个真实的杜甫。他并非道貌岸然、古板单调的老夫子，而是富有人情味、浪漫多情。他是集大成者，其创作继承宫体诗的传统，并大胆突破，成为"夫妻风怀诗"的巅峰。

在中国传统文化中，由于伦理观念的影响，妻子进入诗篇的次数很少，而且形象受限。杜甫深爱妻子杨氏，对杨氏的美丽贤淑十分感念。他在诗中有反映，也只是"老妻""瘦妻"的单一形象——这样的写法是符合传统的，没有逸出道德化的主流。

但这毕竟是杜甫啊，他一直提倡"清词丽句必为邻"，有鲜明的创作主张并躬身实践。在《月夜》，他巧妙地将妻子的形象从"老"与"瘦"中抽离出来。"香雾云鬟湿，清辉玉臂寒"，品读此句，我们仿佛看到什么？

一个女子在月夜中久伫静立，雾气迷蒙，暗香浮动。月色如水，一缕清辉倾泻大地。不知不觉，她的云鬟沾湿了，玉臂洁白反光，让人感觉出几分寒意，又多了几分怜爱。

"香雾云鬟湿，清辉玉臂寒"这一联融合了繁复浓密的感觉，让人充分感受到女性形象的魅力，感受到杜甫的深情。

如果一开始作者就单刀直入讲此诗有多好，读者恐怕无法一下子领会杜甫的伟大。欧教授视野宏大，从广阔的背景切入，讲时代风气与文学传统。正如词语的理解离不开语境，个人也离不开所处的时代。在历史坐标中去触摸人性，体察人物心境，就会呈现真实的全貌。

这样读诗，不是答题式的文学鉴赏，而是知人论诗，让人物重新活过来。

你也会获得一份新的体验，加深对人性的认识。因为古典诗歌绝非与我们无关，读诗正是以自己的生命与诗中的人物、诗的作者进行交流。诗在无声地启示我们。

王维是一个自私的人吗

"君自故乡来，应知故乡事。来日绮窗前，寒梅著花未？"王维的《杂诗》，我们一般都解读为思乡主题，很少去追问为什么不问亲人近况，而问梅花开了没有。

欧教授认为，那是因为我们对人性了解不够，并不像有些学者认为的"王维是一个很自私的人"。人性太复杂、太微妙，那一瞬间，王维百感交集，激动得无以言表，不会如王绩那样问一连串琐碎之事。

还有一个原因，作者进一步指出，这源自很深的恐惧产生的自我保护机制。心头挂念着故乡的人是否安好，这么重要的问题不会轻易说出口，生怕有了什么闪失，所以就随口问了一个无关紧要的问题。这样的解读，的确很新颖。王维"不敢问"的微妙心理似乎被欧教授捕捉到了。

　　王维的"不敢问"中有一分担心，辛弃疾的《丑奴儿》则道出"不敢说"的辛酸："欲说还休，却道天凉好个秋。"人心有限，能真正懂得自己的又有几人？没有人愿意听自己说话，没有人去接纳自己的消极情绪，这是人性使然。

　　欧教授并不只是从王维、辛弃疾身上得出"人性的有限"，还引用加缪、弗罗斯特的书中观点加以印证，更从心理学层面加以分析。诗歌让我们认识到人性的局限，也在启示我们：不能奢望别人能温柔地承接自己的痛苦，对别人多几分宽容与慈悲。

　　这样想，我们就不会偏执，努力自强。不过呢，你心里有不开心可以随时倾诉，我和你妈妈会认真听。

　　"只有真正认识到黑暗有多深沉的人，才能够知道光明有多灿烂；真正知道人性有多冷漠自私的人，也才能够坚持对人性美善的信心。"作者在这一章快结束时进行总结，是在分享自己的人生感悟。

　　这样的感悟在书中零星闪现，如电光石火一般，启人深思。跟着欧教授在第三章认识到李白的伟大，她进一步阐发什么是教养，什么是真正的爱情。教养要尊重别人，体贴对方的感受，并且控制自己的情绪，不侵犯到别人；她从"长得君王带笑看"一句探讨什么是真正的爱情。

最后一章谈李商隐的《锦瑟》，作者抛出一个问题：什么是"勇者"？是不是"明知会受伤还要去爱，就是勇者"？你先自己想一想，再看看作者的解读。当然，作者的种种观点，你可以同意，也可以反驳。

唐诗可以这样读，也可以那样读。如果诗本身触发你的思考，让你内省与自知，让你感觉到人性的丰富与有限，你就不会坐井观天、画地自限，我想你会更加热爱这个世界。

老爸

慢慢走，欣赏啊

—— 与孩子聊《谈美》[1]

孩子：

　　九月，天空高远，秋水澄澈。周日上午，我到昭阳湖公园散步，想起我们常常到湖边去。春日，杨柳茂盛，我折下枝条帮你做一顶青青的杨柳帽；夏日，碧波荡漾，与你一起

①《谈美》，朱光潜著，上海教育出版社，2020 年。

沐浴在蒙蒙细雨中；秋日，落叶缤纷，坐在石椅上听风中的叶子歌唱；冬日，白雪皑皑，共同感受天地之间的肃穆与安宁。

昼夜交替，四季轮回。天地有大美而不言。

前天晚上，我问你，什么是美？你说，美就是让人心里感觉舒服的东西。如果你愿意继续探讨这个话题，我推荐你阅读朱光潜先生的《谈美》。这本小书平易浅显，诚恳亲切。作者以美学的眼光观世，从美学谈到艺术的创造与欣赏，再从艺术聊到人生的艺术化。

朱光潜说："假若你看过之后，看到一首诗、一幅画或是一片自然风景的时候，比较从前感觉到较浓厚的趣味，懂得像什么样的经验才是美感的，然后再以美感的态度推到人生世相方面去，我的心愿就算达到了。"

美是纯粹

那么，什么是美呢？作者认为，美感起源于形象的直觉。以观看古松为例，持审美态度的人，不会去考虑这棵松树值多少钱，有什么作用，也不会去想到它的根茎、花叶及植物属性，而是聚精会神地欣赏它的色泽、姿态以及昂然的气概。用你的话讲，就是"让人心里感觉舒服"。看上去，这样的态度无多大实际用途，但这是人内心深处的需求，它关乎一个人的精神成长。

学会欣赏世间的美，我们还要与任何事物保持适当的距离。凝视过去，我们有时觉得美好。到一个陌生的地方旅行，往往会有新鲜的感受。如果我们跳不出现实利害的圈套，从"有没有用"这个单一维度来衡量眼前事物，就无法纯粹地观赏事物本身，与美擦肩而过。书中提出"无所为而为"，就是说在这个过程中，人不是环境的奴隶，而是心灵的主宰。

　　在欣赏的过程中，我们不仅停留在事物本身，美还会悄悄地浸入你的生命。一段曼妙的音乐，一幅苍劲的书法，一片优美的风景，一首清新的诗歌，都会让我们暂时脱离当下的处境，从而内心渐渐沉静，心里印有美的意象。美，是人赋予事物以意义，同时审美体验又塑造着眼前的这个人。在美的熏陶中，人的趣味渐渐高雅起来，有了"较高尚、较纯洁的企求"，达到作者谈美的初衷——"时常领略到免俗的趣味"。

　　作者继续论美的本质，不是快感，不是联想，不是自然，也不是写实主义。在美感经验中，我们聚精会神于一个孤立绝缘的意象上面，人的情趣和物的姿态往复回流。我脑中不断回旋主体与客体互相交融的过程，实在太美妙了。

文学艺术中的创造

　　本书的后半段主要是讲文学艺术中的创造。作者先拿艺术与游戏进行比较，"大人者不失其赤子之心"。游戏和艺术一样，带有移情作用，创造另一个理想的世界。所不同的是，艺术带有社会性，它还要能将心中的意象巧妙地传达于世。紧接着，他又从创作者的一般心理出发，分别论述了创造与下面的几个词语的关系：想象、情感、格律、模仿、灵感。

艺术创造离不开想象，想象就是在心里唤起意象。中学语文教材中有一些经典的意象，如你刚刚学过的朱自清笔下的"背影"，诵读的"大漠孤烟直，长河落日圆""采菊东篱下，悠然见南山"，等等。当我们想起这些篇目，心中自然会升腾起这些意象。

在想象之外，还有情感。朱自清对父亲复杂的情感浓缩成一幕图，让人唏嘘不已。陶渊明心胸开阔、脱俗出世，他的田园诗纯朴自然、高远拔俗。文章不是无情物，因为有情感的综合，文章自成一个整体，原先看似散漫的意象不散漫，看似重复的意象不重复。

创造要不要遵循格律？模仿是开启创造，还是限制创造？"天才"究竟是怎么一回事，它与"灵感"有何密切关系？创作中的"潜意识"又发挥何等作用？这一切，与美有什么关系？等着你到书中去寻找这些问题的答案。与自己写作的经验相印证，有一天你能心领神会。

人生艺术化

在书的末尾，作者说明艺术和人生的关系，论述"人生艺术化"这一主旨。谈美感，谈艺术，谈创作，归根到底还是要回归到我们的人生来。如果拥有发现美、感受美、欣赏美、创造美的能力，这样的人生就是一种艺术，你的生命就是自己的作品，你参与了创造自己生命的过程。在这唯一的一生里，不苟且，不媚俗。在"无所为而为的玩索"中，你会发现生活中最隐秘、最深远、最博大的趣味。

漫步在公园的小路上，一棵棵栾树，红黄满枝头。阵阵凉风拂过脸颊，仿佛朱光潜先生在耳边叮咛：

阿尔卑斯山谷中有一条大汽车路，两旁景物极美，路上插着一个标语牌劝告游人说："慢慢走，欣赏啊！"许多人在这车如流水马如龙的世界过活，恰如在阿尔卑斯山谷中乘汽车兜风，匆匆忙忙地急驰而过，无暇一回首流连风景，于是这丰富华丽的世界便成为一个了无生趣的囚牢。这是一件多么可怅惜的事啊！

孩子，生活里不能只有书本与作业。学校在窗外，窗外有一个美丽的世界。王尔德说，美是唯一不受时间伤害的东西。希望你从书本中抬起眼来，或赏花，或观雨，或望月，给心灵片刻自由。

慢慢走，欣赏啊！愿你一生与美相伴！

老爸

从心灵的源泉里寻找美的光

——与孩子聊《美学散步》^①

孩子：

有人说，如果要研究现当代美学，要把朱光潜和宗白华的书都找来读一读。这二人年岁相仿，是同时代人，都学贯

---

① 《美学散步》，宗白华著，上海人民出版社，1981 年。

中西，造诣极高。朱光潜美学有很强的系统性，而宗白华美学是"自由自在、无拘无束"，或者说"没有计划、没有系统"，他采用"散步式"的笔锋将深奥的美学问题用平易、通俗的语言娓娓道来，文字折射出理性与感性的光芒。

散步是自由而灵动的，路边一朵野花都能给人带来惊喜，就如宗白华在《美学散步》开篇所说："散步的时候可以偶尔在路旁折到一枝鲜花，也可以在路上拾起别人弃之不顾而自己感到兴趣的燕石。无论鲜花或燕石，不必珍视，也不必丢掉，放在桌上可以做散步后的回念。"

徜徉于《美学散步》中，书中数十篇文章都值得"回念"，它引领读者借着散步者的灵光去发现人生之美、艺术之美，体悟中华民族的灿烂美学精神。在日益匆忙的世界里，宗白华让我们放慢脚步，在美学的花园里闲庭信步。

美从何处寻

宗白华认为，美既是客观的，也是主观的，美是主客观的和谐统一。罗丹曾说过："生活中不是缺少美，而是缺少发现美的眼睛。"美存在客观事物中，要靠心灵去发现。美在哪里？首在自然。

他看了罗丹的雕刻以后，领悟到："大自然中有一种不可思议的活力，推动无生界以入于有机界，从有机界以至于最高的生命、理性、情绪、感觉。这个活动是一切生命的源泉，也是一切'美'的源泉。"

周末我们常到屋后公园散步，云淡风轻，清波漾漾，烦恼被抛之脑后。暑假，我们去过北方的大连和南方的桂林，看青山妩媚，看浩瀚无垠的海面上海鸥自由飞翔，那一刻从平时的劳碌里抽身开来，身心仿佛得到了洗涤。天地皆宽，物我两忘，内心有说不出的痛快。

如宗白华所言："美不但是不以我们的意志为转移的客观存在，反过来，它影响着我们，教育着我们，提高生活的境界和意趣。"

当然，发现美需要内心有所准备，要改造我们的感情，对万物持审美态度。宗白华指出要"移我情""移世界"，美才会如实地和深入地反映到心里来。人们感受美，将自己的感情转移到自然、人生、社会上，再创造具体形象表达出来，才成为艺术。这种"移情"在中国古典诗文、书画创作中屡见不鲜，艺术家们正是通过自己的作品来展示内心的美。

书中说，在宋元山水、花鸟画里，画家所画的自然生命，集中在一片无边的虚白上。在这一片虚白上幻现的一花一鸟、一树一石、一山一水，都负荷着无限的深意、无边的深情。我们每到一处博物馆参观，欣赏艺术作品，其实是感受艺术家独特的内心之美。

在物欲横流的当下，我们寻到美了吗？或者说，我们还在寻找美的踪迹吗？

中国艺术之美

《美学散步》充分展现了宗白华的美学思想，从各个方面进行了诠释。宗先生学养深厚，他从文学、建筑、音乐、绘画、书法等方面将中国传统美学思想讲得深入浅出，富有诗性和哲理，不乏真知灼见。他对中国传统文化饱含深情，文字中有大气象、大情怀。

艺术有意境吗？在《中国艺术意境之诞生》一文中，宗白华认为人与世界接触，可以有五种境界：功利境界、伦理境界、政治境界、学术境界、宗教境界。而艺术境界介乎后二者的中间，以宇宙人生的具体为对象，赏玩它的色相、秩序、节奏、和谐，窥见自我心灵，化实景为虚境，创形象以为象征，使人类最高的心灵具体化、肉身化。

也就是说，艺术家将心灵投射在万物中，通过作品表现出情景交融，并创造出崭新的、独立的形象，丰富人的心灵，达到整体的和谐。宗白华又将意境结构的特点归纳为"道、舞、空白"。这是他对意境理论的独特发现，特别是对于"舞"的理解，传达出生命的韵律与生机，表现出生生不息的宇宙生命，这是中国艺术美的源泉、动力。

文艺有理论吗？在《论文艺的空灵与充实》一文中，宗白华论述了文艺的空灵与充实的辩证统一关系。文艺须来源于生活，它要反映社会的方方面面，如镜子映现着世界，它不是虚无缥缈没有根基的；另外，它又要超脱现实，要创造一个独立的美的世界。

　　宗白华列举了一些诗歌，分析诗人通过间隔化、距离化等方式造成美感，带来诗意，又感受到诗人精神淡泊、闲和严静，达到一种生命气象，这就是空灵；同时，文艺还要求实，要有内容，创作者要经历人生的各种境界，充分感受生活，这样作品才能将万物之趣融合其中，给别人以更多的感动。

　　又如，在《论中西画法的渊源与基础》一文中，宗白华指出中国画的境界根基在于中华民族的基本哲学。中国画的主题"气韵生动"，就是"生命的节奏"或"有节奏的生命"。中国画法以抽象的笔墨把握物象骨气，表现物的内部生命。西洋画的主要基础在希腊，着重于"模仿自然"。

　　宗白华分析透彻，从中西方文化背景出发，通过比较让读者从表现上知道中西文化的差异，又从思想源头去探究为什么会不同。他对今人抱有殷切期盼——中国画既要继续传统的创作，表现出洗净铅华的境界，又要学西洋画表达时代的精神节奏。这也体现了他兼容并蓄的文化价值取向。

　　宗白华不仅带我们欣赏诸多艺术之美，还推崇唯美的人生态度。《论〈世说新语〉与晋人之美》谈及魏晋风度，其中意境令人神往。在他传神的描述中，那些名士风范若在眼前。他们性情率真风流，流连山水之间，对艺术一往情深。像王羲之父子的字，顾恺之的画，嵇康的琴曲以及众多诗人的杰作，都是自由心灵的体现。

你喜欢文学，不妨细读他的《我和诗》《新诗略谈》，可以涵养自己的性情，对提高自己的写作能力亦有帮助。

李泽厚在初版《美学散步·序》中讲："在'机器的节奏'已愈来愈快速、'生活的节奏'愈来愈紧张的异化世界里，如何保持住人间的诗意、生命、憧憬和情丝（思），不正是今日在迈向现代化社会中所值得注意的世界性问题么？"王小波说，一个人只拥有今生今世是不够的，他还应该拥有诗意的世界。我想，人间诗意不能没有美，不能没有对美的追寻。所以，今天阅读宗先生有特别的意义，它让我们拥有诗意的世界，让我们从心灵的源泉里寻找美的光。

老爸

第五辑

保持练习的姿态

——让自己变得更强大

书是秘密武器

阅读就是练习让自己变得更强大

让我们穿上书籍的铠甲

勇敢抵达自由开阔之境

被阅读的大雪覆盖

——与孩子聊《读书这么好的事》[①]

孩子：

你从小就是个安静的小孩。楼下开了间"一角书屋"，我经常带你去玩。你喜欢站在小小的角落里，一声不吭地翻

---

① 《读书这么好的事》，张新颖著，广西师范大学出版社，2004年。

着手中的图画书。看完后，你还放回原处，第二天接着看。

家里有大量的图画书。无数个夜晚，我读你听，你说我听。橘黄色灯光下，我们依偎在一起，感受文字带来的温暖和快乐。这样的感觉一直陪伴着我们多年。

书，是你成长道路上的亲密伙伴，拉近了我们父女间的距离。

打开书，和它对话

不管何时，人总是要读点书。手头的这本《读书这么好的事》，是复旦大学张新颖教授专门为中学生读者而写的。张老师博览群书，对书籍有特殊的迷恋。（他另有一本私人读书集《迷恋记》）他引用冯至先生的《给我狭窄的心，一个大的宇宙》作为首篇，意在说明，读书首先在于追求精神世界的扩展与丰盈，不断扩大自己的心灵空间。他觉得，拥有一本书的真正意思是阅读它，通过阅读使书的内涵进入自己的心灵。

如何拥有一本书呢？不是你花钱把书买下来，它就属于你。最好的方式，就是认真打开它，和它对话。卡夫卡说："我们需要的书，应该是一把能够击破我们心中冰海的利斧。"你在阅读的同时，书渐渐进入你的生命，不知不觉中改变你的思维、你的观念。"读书，在一个重要的意义上，就是一种朝向自我、理解自我、产生自我意识、形成和塑造自我的运动过程。"作者如是说。

每本书有不一样的风景，不一样的人生。你的好奇心会得到满足，心胸日渐敞亮。你会恍然大悟，或者若有所思。不读书的人，无缘体会到这种奇妙的反应，无法感知生命内部产生的微妙变化。因为，他将这种生动的联系掐断了，他的世界只是眼前那一方小小的天地。

聊到这里，你也许会问我，到底读什么书呢？阅读是一件私人的事，需要自己去摸索，去寻找。书中有一个观点深得我心，那就是去寻找书中的恒星。这些书，是核心的书，是"书的书"。这些经典的书，经过时间的淘洗而留存下来。书中举例，鲁迅先生的著作就是核心书。围绕鲁迅的书，已经衍生出大量的书，甚至超出鲁迅著作的数量。它们对你了解鲁迅思想有一定的帮助，但无法真正代替你去阅读鲁迅的著作。

关于《红楼梦》的研究浩如烟海，但你必须自己去阅读《红楼梦》。道理是一样的。

听从书籍无声的召唤

你或许说，这些书读不懂怎么办？真正读不懂的书可以不读，或暂时不读。不过，我们要走出阅读的舒适区，挑战那些难读的书。书中引用英国艺术批评家约翰·罗斯金的言论:"当你遇到一本好书的时候,你要问一问自己:'我是不是愿意像澳大利亚的矿工一样干活?我的丁字镐和铲子是不是完好无损?我自己的身体行不行?我的袖口卷上去了没有?我的呼吸正常吗?我的脾气好不好?'"

如此,你就会收获真正的阅读快乐——很大、很高、很深的快乐。读书,不仅是为了一时被满足的快乐,也不仅是为了印证自己的想法,而是为了从中得到教益,提升自己的心智。为此,我们必须向高于自己水平的书请教,听从它们无声的召唤,时刻接受挑战。

你读马歇尔·卢森堡的《非暴力沟通》,也感觉有些地方不太懂。但我认为你理解了此书的内涵。在与大人沟通时,你更加从容,更有方法。书中哪怕只有一点对自己有启发,那就有效果。这种收获,是任何人都无法夺走的。它慢慢地会外化为你行为的一部分。

作者还专门推荐细读与重读。他认为,一本书如果值得去读,就必须仔细地去读,而不是敷衍了事。我想,边读边批注边做笔记,是一种不错的方法。阅读一本书,我一般连读两遍。第一遍,在书中画线批注;第二遍,再将那些批注的部分细读,梳理一番。

那么,重读呢?有人认为,唯有重读,才是真正的阅读。我们的一生,周围总是充斥着那么多不必读的书。在一次又一次的阅读中，相对于不断更新的自己，书的内涵也在不断地扩大。你会发现以前自己忽略的东西。从老朋友那里获得新的感受，你或许能与过去的自己相遇，发现一个全新的自己。

中学时间紧，功课压力大。做完作业的你，坐在沙发里，捧起一本书沉浸其中。我希望你做一个积极的阅读者，在纸上的行旅获得更多、更深的快乐！

老爸

为何读·怎么读·读什么

—— 与孩子聊《阅读的力量》①

孩子：

前几天参加一个读书活动，大家坐在一起聊生命中的好书。书与人之间的微妙情分在会议室荡漾。阅读是私人行

---

① 《阅读的力量》，[日]斋藤孝著，武继平译，鹭江出版社，2016年。

为，人与书的相遇需要缘分。娱乐至死的年代，阅读已是稀缺之事。想到日本明治大学斋藤孝教授的《阅读的力量》，这本关于阅读的书很全面，值得一读。

读书塑造自我

读书可以"塑造自我"是本书的一个核心观点。作者认为读书可以"包容那些相互矛盾且错综复杂的事物，心胸宽广地理解它们的存在。我们靠读书培养起来的，就是这种与复杂的事物共存的能力。如果人的自我里面仅仅有自己，那么这种自我就很容易崩溃"。

打开一本本书，等于打开一扇扇窗，你就从眼前这个狭小的世界迈进丰富广阔的境地。你会遇到书中的人物，聆听他们说，然后与自己对话。在这一点一滴的对话中，自己被丰富，被塑造。

作者提到"经验的确认"一说，是说读书容易与自我产生共鸣。阅读别人的故事，其实在反刍自己的人生。作家笔下的故事是从现实生活中产生的，思想也是从现实生活中提炼的。

你六年级时读黄蓓佳的《我要做好孩子》，是不是觉得主人公金铃的生活就是自己正在经历的？她的欢笑就成了你的欢笑，她的苦恼也就成了你的苦恼——在这样互相重叠、互相影响的关系中，读者就在建构自己的经验。换句话说，自己的人生经验在不断地深化。

这是奇妙的体验，也是读书带来的享受。在反刍的过程中，你还会不断地被唤醒、被激发、被鼓舞——特别是在自己人生困难的时期，"通过与跟自己拥有同样经验、同样思想的作者相遇，不光是得到某种认可，还能读到比自己更为艰辛的人生经历，为此，读者便有了冷静地凝视自我的能力"。斋藤孝的这段话说得真好。

比如，我推荐给你的那本书——美国作家维赛尔的《夜》，让人在倍感凄凉的同时，获得生存的信念。第二次世界大战期间，维赛尔全家被押送到集中营，备受纳粹分子摧残。父亲、母亲、妹妹被迫害致死，他目睹人性的残暴。使他坚持活下来的，就是心中残存的一丝信念。阅读这样的故事，你既获得非凡的体验，又拥有生存的勇气。

读书的方法

必须承认，读书各有各的法子。如果只是为了娱乐，贪图读书带来的一时快感，那书籍的力量真的有限。

书的第二章讲读书的技巧，作者认为"读书是一种体育运动"，需要全身心运动。作者首先强调了朗读的力量，他认为朗读能激活人的想象力。不仅能认真听别人朗读，还要自己发声去朗读。

读到这里，我突然想起和你一起读绘本的时光。听小朋友朗读也能判断他阅读水平达到哪一个层次。语感比较好的都能读得流利、顺畅，对文本的理解力比较强。否则，结结巴巴，语无伦次，则未能理解文本的含义……

其次，作者还提倡"边画线边阅读"。这样的目的是促进读者主动地参与其中。每一处画线，其实都体现了你的价值观。现在你的阅读，我都叮嘱你要画线。那些触动你的语句，包括优美的、有意思的、意想不到的，都是击中内心的句子。画下来，这才属于你自己。在画的过程中，你不妨问问自己为什么是这一句。

在这一章节中，还有一些读书的法子值得借鉴。如巧用三色圆珠笔画线，每一种颜色代表不同的意义；根据不同文章的类型，宜采取不同的阅读速度。这里，作者称为大脑的"换挡速度"。每个人阅读的速度是不一样的。有些书适合浏览，有些书适合慢读。

在尽可能的情况下，广泛的阅读应该是第一位的。因为广泛，才有可能深入。还有摘抄自己喜欢的句子尝试写作。这样的目的其实就是真正将书读进去，让你在某个时候自觉进行语言运用。

如果说书中尚有不足的话，就是"口头语言"与"书面语言"的功能尚未分清，作者似乎一味强调"书面语言"，而忽略了"口头语言"存在的现实因素。成语的运用也应该有度。多用成语，未必能提高语言品位吧。

读经典的书

作者在书中提出一个选书的标准——"伴随一定紧张感和有嚼头的阅读"。精选的标准有以下几点：第一是可读性，第二是不算太难但必须有嚼头，第三是读后必须内心有种充实感。在最后章节里，他精选100册图书，从不同方面做了推荐。现在，你步入中学，读书的时间骤然减少，所以我们要读经典的书，也就是张新颖说的"书中的恒星"。

什么是经典？经典作品能经受得住时间的考验。你每一次亲近它，能从中感受到博大与恒久。在岁月的长河中，它们不会昙花一现，因时间的积淀而历久弥新，力量悠长。

我还有一个想法，希望我的阅读能带动你主动阅读，尽管现在你的阅读时间少。中央电视台主持人董卿在接受《南方周末》访谈时，回答她的阅读受谁的影响较大："我父母是比较传统的知识分子，他们很早就让我明白了一个道理，我们不能只靠吃饭活着，还有一些别的东西可以滋养我们。最早也有被逼迫的成分，父母给我开书单，这个假期必须读完。但慢慢地习惯也就养成了。"

她接着说，阅读的乐趣就在于，它是一个广阔的世界，让你知道你的渺小，知道在历史长河中，或是站在全人类的角度看，很多东西是不必在意的，它让我们能变得更聪明一点。

祝你读书快乐！

老爸

保持练习的姿态

——与孩子聊《刻意练习》[①]

孩子：

不知你有没有听过"一万小时定律"——"只要经过一万小时的锤炼，任何人都能从平凡变成超凡。"似乎时间得到

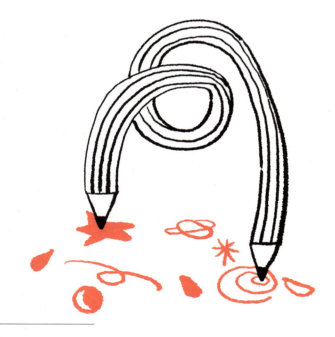

---

① 《刻意练习：如何从新手到大师》，[美] 安德斯·艾利克森、罗伯特·普尔著，王正林译，机械工业出版社，2017 年。

保证，就一定可以获得成功。今天推荐的这本书对"1万小时定律"提出了质疑，作者认为成功与练习的时间不完全成正比，练习的方法更重要。如果只是反复做某件事，并指望只靠那种反复就能提高表现和水平，只能算作"天真的练习"。

这本《刻意练习》，是美国两位博士的合著。书中核心观点是，一个人要在某个领域成为顶尖人物，需要经历漫长的刻意练习（Deliberate Practice），这是一条"黄金准则"。

有目的的练习

与"天真的练习"相对，书中提出"有目的的练习"。一个实验令人印象深刻——大学生史蒂夫经过一段时间的记忆刻意练习，能一下子记住 82 个数字。看起来有些不可思议，从实验的记录可以看到史蒂夫是怎样突破个人局限，创建心理表征，逐步解决目标，提高大脑适应能力的。

你小时候学过一段时间乒乓球。如果只是为了打两下，那么你只要准备好球拍，多花时间就可以应付。如果你想掌握正确的方法，就要寻找教练。教练教授相应的课程，其中将学习目标分解。你按照教练的要求专注练习，在练习的过程中教练会指导，你得到反馈：哪些方面还有不足？可以从哪些方面改进？于是，你获得纠正并改进，离目标越来越近。

因此，有目的的练习有四个特点：目标明确、专注、反馈、走出舒适区。相对于"天真的练习"，你或许会觉得枯燥、无趣甚至难以忍受。但是，不走出舒适区，不逼一逼自己，一个人便无法真正进步。

所谓"刻意练习"，并不是简单、重复的练习，而是突破一个人的舒适区，有目标、有方法地专注练习。

富兰克林如何学写作

没有导师，自己也可以刻意练习。美国作家富兰克林写作水平一流，但他不是天生如此，最初只是一位平庸的写作者。后来，他被英国杂志《观察者》中高质量的文章所吸引，很渴望写出那样的文章。

他"傻傻"地这样做：首先是模仿，用自己的语言来复述《观察者》里的文章，对照原文，思考、比较哪里不足需要改进。他发现自己的词汇量太少了，文章晦涩而无趣。然后，他便尝试写诗，因为诗歌迫使他想出大量不同的词语，而且诗歌的语言灵动、精准。一段时间后，他再把诗歌改写成散文，这样一来，文章开始吸引人了。最后，他还完善文章的结构和逻辑。找来《观察者》里的好文章，为每个句子写下线索，再打乱顺序。他等待足够长的时间，自己再来复写，并将文章与原文进行对照。如有出入，他会反思，从错误中学习。

你看，从词汇、文采到结构，富兰克林正是为自己设定一个个小目标，然后刻意练习，凭着这股"傻劲"，最终成为大作家。

通往成功的四个阶段

本书第 7 章"成为杰出人物的路线图"，以波尔加三姐妹成长为国际象棋大师为例，告诉我们通往成功的四个阶段：

一、产生兴趣。父母引导孩子对万事万物保持好奇心，兄弟姐妹激励自己不断向前。

二、变得认真。点燃兴趣是第一步，但如果动机只是外部的激励，而不是来自孩子内心，那么它不会长久。经过一段时间的练习，孩子对于所接触的新领域开始熟悉，并获得一定的外部肯定。这时，刻意练习能带来一定的回报，动机开始从外部转向内部。

三、全力投入。在这个阶段，动机完全靠学生自己保持，但家长仍发挥重大作用。经过艰辛旅程的孩子，很多人也会获得巨大的回报，成为各自领域里的佼佼者。

四、开拓创新。他们取得了杰出成就，就是长期刻意练习达到了新的高度。

那些杰出的人物，正是通过年复一年的刻意练习，在漫长而艰苦的过程中一步一步改进，终于练就他们杰出的能力。他们的快乐，建立在刻意练习的基础上。作者在最后一章——破除"天才"神话，并坦言："从长远看，占上风的是那些练习更勤奋的人，而不是那些一开始在智商或者其他才华方面稍有优势的人。"

印度诗人泰戈尔在诗中说："离你最近的地方，路途最远；最简单的音调，需要最艰苦的练习。"孩子，不要畏惧学业的辛苦，那是你通往世界的路。在这条路上，无捷径可言。如果你一味地停留在舒适区里，那终将无长进。遇到学业上的拦路虎，不急不躁，你可以从错误中发现自己的不足，从而刻意练习，会有长足的进步。每天有进步，就有实现梦想的可能。我也有理由相信，在练习中你会产生恒久的乐趣。

我并非希望你将来能成名成家，只希望你能永远保持练习的姿态。

加油！

老爸

学习的艺术

——与女儿聊《学习之道》[①]

孩子：

今天再给你推荐一本与学习有关的书——《学习之道》。本书作者乔希·维茨金是一个奇人。他少年时曾八次在全国象棋冠军赛中夺魁，十三岁即获得象棋大师头衔。他是《王

---

① 《学习之道》，[美]乔希·维茨金著，苏鸿雁、谢京秀译，中国青年出版社，2008年。

者之旅》一书及同名好莱坞电影的主人公。这很传奇吧？更传奇的是，他竟然摇身一变，又成为一名太极推手大师，同样拥有众多世界冠军的头衔。

这真是"学霸中的战斗机"呀！他是如何在这两个看似南辕北辙的领域中登上巅峰的呢？作者说他最精通的，是学习之道。全书读来非常流畅。与《刻意练习》相比，这本书结合作者的亲身经历，让读者更有代入感。作者将自己的学习过程淋漓尽致地展现出来，一些细节描述也很到位。

学习源于对自身的持续探索

从小到大，你有没有思考过学习的目的？

或许如大多数人所言，学习是为了取得好的成绩，能上好的中学、好的大学，毕业后能有个光明的前景，拥有一份好的工作。在工作中学习是为了保持核心竞争力。这些理由不能说错，但这里把学习窄化为一种工具，一种手段——为了将来成为人上人，你必须吃得眼前的苦。功利主义大行其道，学习过程苦不堪言。

你可能会反驳，学习哪有什么乐趣？

纵观乔希的学习过程，让他始终前行的是心中对学习的热爱。这是源源不断的动力。他很早就发现了自己的热情所在，或者说是天赋所在——国际象棋。随着长大，他发现名气是虚无缥缈的东西，他没有在名气中沉沦，鞭策他不断进步的不是壮志凌云的野心，更多的是探索自我的渴求。

换句话说，他的生命不是向外索求，而是朝内不断探索——我是谁？我的生命能达到什么样的高度？我对我的未来有怎样的期许？在这样的自我探索中，学习成为生存本身，成为生命内部的需要。他借由学习与思考不断扩大自己的生命边界，在无数次的成功和失败中获得种种体验，从而持续提升自己的人生境界。

他学习太极拳，是因为受《道德经》的启发。他希望老子的思想能缓和自己的野心，让自己从物欲横流中转移开去。学习太极拳让他进一步领会中国道家哲学思想，也就是生命渴求。

学习之旅，起初可能是他人（老师或家长）推着自己走，但最终应该是自己推动自己不断向前。正如他在书中坦言："唯有推动自我，探寻自身能力的极限，我们才会收获，才会进步。"为什么要有收获，要有进步？难道我们不想成为一个更好的人吗？难道不想成就一个卓越的人生吗？我相信在积极地探索自我过程中，你心中定有持久的乐趣。

学习的原理

这本书像是作者的自传，他回顾自己的学习历程，自认为"所擅长的既不是太极，也不是象棋，而是学习之道"。作者将自己练习、参赛的状态及成败的前因后果写得非常详尽，其复盘的过程本身就值得学习，能帮助我们认清自己的状态，突破自我的上限。

在一次象棋比赛中，他对几个临界位并不十分理解，或者是在某些临界位上出错了棋子。每场比赛一结束他都会立刻把棋局输入电脑，并且记录下来思考过程和在对峙的不同阶段出现了哪些心理反应。在比赛结束后，他带着全新的认识继续研究那些关键的时刻。

如果每次做完练习或考试后，你也能对错题进行细致的分析——错在哪？为什么会错？今后怎样避免犯同样的错误？那你也会带着全新的认识继续研究你学习中的关键时刻。

作者在书中还总结了"软区域""渐进理论""划小圈"等学习原理，让人深受启发。

在生活中我们会遇到诸多不如意的外部环境限制，如嘈杂的环境、意想不到的瞬间、突如其来的任务，甚至自我怀疑、自我责备等内部噪声对自己干扰更大，自己则可能进入一种僵硬的状态，在这种状态下我们并不能表现自己的真实水准。我们能做的不是逃离，也不是发脾气，而是平心静气地应对，坦然接受生命中的一切人和事，并有意识地训练自己的专注力，让思维跟着周围或心里的节奏走，保持柔软的状态，这就是培养"软区域"的意义。

这个时代还存在太多让我们分心的因素——手机、电脑、短视频、网络游戏以及海量讯息不断刺激，有可能让我们上瘾，让我们不停地愉悦自己，而无法集中注意力去钻研微观的细节事物。

作者一开始学习太极拳，把重心放在细小的动作上，每天花数小时勤奋练习。他惊讶地发现，有些学生无法集中注意力，一直盯着镜中的自己或是在不耐烦地看时间。他们觉得无聊至极，因为他们想一步到位，而且他们并没有去接受老师那些细微的东西。作者一针见血地指出："我们能成为顶尖选手并没有什么秘诀，而是对可能是基本技能的东西有更深的理解。每天都要学得更深一点而不是更广一点，因为学得更深可以让我们把潜力中那些看不到、感受不到但又极具创造力的部分挖掘出来。"

任何学习都是如此，需要从细微入手，日日磨炼技能，直到与自身融为一体。

真正的挑战

不管是象棋还是太极拳，乔希都经历无数次大大小小的比赛，有成功的喜悦，更多的是失败后的痛苦。如何面对失败，他直言：

成功之士一心追求卓越，每场战斗都勇敢承担风险，最终你就会发现，在"追求卓越"的过程中获得的教训比唾手可得的奖杯和荣耀有意义得多。从长期来看，痛苦的失败比获胜更有价值。拥有健康的心态，能够从每次经历（不论好与坏）中有所得，这样的人才能一路走下去，并且一路都能走得很开心。当然，真正的挑战是，面临着危险或在战斗中受了伤，如何能继续保持这种长期视角。这一点，或许也是我们最大的障碍，恰恰就是学习之道的核心所在。

从上文我们知道，他的复盘思维很厉害，能从每次失败中获得可贵的经验教训。他用开放性思维学习，过错也成了一种资源，能帮助自己更好地认清自己的问题。但这也是真正的挑战，因为并不是所有人都能放下自尊心的阻碍，有的人宁愿在舒适区里停滞不前。

乔希在一次武术比赛中右手受伤了，按理应该停止训练直到右手康复，但他打上石膏的第二天就重新开始训练。他的左手得到了锻炼，学会了很多新的技能，自然地运用得就像是两只手一样，更加灵活、更有力量。这是意外的收获。受伤是不幸的，但他能利用逆境挖掘自己的学习潜力，逆转困境为他所用。

我们身处逆境时，能否学他突破自身的局限，用挫折来磨炼自身的意志，让自己变得更强大呢？

书中还有一些文章讲如何在复杂的环境中拥有良好的心态，包括面对比赛不公平及对手无德该怎么办，愤怒的情绪来临时该怎么办……我们看到，不管现实如何，他总是积极应对，承认现实，很好地控制和运用情绪，将之引导到全神贯注的状态中。当我们不从外部环境或他人身上找原因，而从自身反省开始，人生就到达了一个新天地。

印度哲学家克里希那穆提在《一生的学习》一书中指出："无知的人并不是没有学问的人，而是不明了自己的人。"乔希身上独一无二的天赋，在于永远保持对自身探索的热情，通过持续不断的练习，了解自己、发展自己、完善自己，最终成长为心目中的自己。

这就是学习之道的含义吧。

老爸

培养自我领导力

——与孩子聊《高效能人士的七个习惯》[1]

孩子：

　　这学期我的工作效率特别高。一天下来，马不停蹄，该做的事都做了。办公桌上整齐摆放着一摞摞批完的作业本，

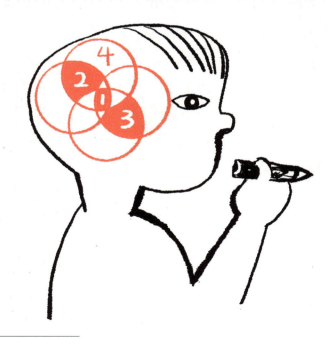

---

[1] 《高效能人士的七个习惯》，[美] 史蒂芬·柯维著，高新勇等译，中国青年出版社，2008 年。

心里好有成就感。要知道，语文老师的作业本最多了。

有什么秘诀吗？其实，秘诀就是每天制定一个工作清单，上面按照重要程度依次列出一天当中要做的事务，剩下的就是完成计划了。

这样做的好处是什么？对于"一天"这个时间维度而言，它就不再是一个笼统的概念，模糊不清，任由惯性一路滑下去，而是清晰透明，可看见、可操作的。

我明白这一天自己的多种角色，每个角色都有具体的事务。同时，事务之间存有轻重缓急之分，我要将宝贵的时间资源花在最重要的事务上，不被琐碎事务牵着鼻子走。

即使遇到突如其来的事务，也不会紧张慌乱，立刻做出判断这属于哪一类事务，应该何时完成。列下一天事务，还有一个好处，就是一天下来可以从旁观者的角度来审视——这一天，自己有没有过多耗在无意义的事务上？

要事第一

美国著名管理学大师史蒂芬·柯维写了一本书，叫《高效能人士的七个习惯》。这本书主要介绍了七个习惯：积极主动、以终为始、要事第一、双赢思维、知彼解己、统合综效、不断更新。这些习惯，能够让我们的人生更有成效。比如上面的列清单，正是学习"要事第一"后的实践成果。

书中提到时间管理矩阵，将时间的使用方式分为四种：重要·紧迫；重要·不紧迫；不重要·紧迫；不重要·不紧迫。我们往往将时间用在第三和第四类事务上，看似很忙碌，其实事务并不重要，而且自己处理事务的能力没有提高，心智也没有增长。

作者建议我们将更多时间花在第二类事务上，立即着手进行，效能便会大为增进。例如，对于个人而言，什么是重要而不紧迫的事务？毋庸置疑，身体健康是第一位的。可是因为不紧迫，往往被人们忽略。人们不注意身体，不热爱锻炼，导致身体越来越差，终有一天就变成了第一类事务——重要且紧迫的事务。现在，你的老师提倡周末要到户外活动一小时，不能只埋头读书啊。

其实，个人也好，单位也好，都要静下来想一想方向在哪里。

以终为始

书中第四章一开始就让读者进行这样的想象体验：假设你正在前往殡仪馆的路上，要去参加一位至亲的丧礼。抵达之后，居然发现亲朋好友齐集一堂，是为了向你告别。也许这是许久之后的事，但姑且假定这时亲族代表、友人、同事或社团伙伴，即将上台追述你的生平。

是不是有些匪夷所思？作者的用意是——你这一生想成为什么样的人？你希望对周围的人施加什么样的影响？这就是习惯二"以终为始"——在做任何事之前，都要先认清方向，看清人生旅途的目标，不至于走错路。所以，作者强调一个原则，"任何事都是两次创造而成"，即先在头脑中构思，立下目标，第一次创造，然后付诸实践，完成第二次创造。

我想，对于你而言，也不妨立下学习的目标。目标的制定与实践，就是自我领导力的培养，也是对自己的积极管理。很多人都是在父母、老师的推动下学习，生命始终处于被动状态。换句话说，我希望你始终积极，从"依赖"走向"独立"，学会对自己的人生负责。

积极主动

书中第一个习惯"积极主动"告诉我们，个人行为取决于自身的抉择，而不是外在的环境，人类应该有营造有利的外在环境的积极性和责任感。

生活中不如意的事情不少，人很容易沮丧，但无论遇到什么样的境遇，保持乐观进取的心情仍是上上策。事情永远没有那么糟糕。

对你而言，最大的压力是考试，它让你非常心烦。但只要你积极主动地去学习，遇到难题不放弃，肯动脑筋钻研。

我想，你会更具有创造力，也能渐渐提高自身的影响力。这学期不管是月考，还是期中考试，我很高兴看到你的从容与进步。

即使考砸了，也要微笑地对自己说："没关系，下次再来。"然后，低下头来寻找自身的不足。错误，是学习中宝贵的资源。从失败中抬起头来，这才是真正的成长。

以上三个习惯是针对个人领域，这本书在后面还提到如何在公众领域获得成功：从"独立"到"互赖"——"双赢思维""知彼解己""统合综效"，以及最后的自我"不断更新"。

南桥先生说："这些好习惯，都是从人性和现实的需要出发，让我们在自己的生活、工作和学习当中，时刻分清主次，在事情开始的时候，先想好各种结果。在和人交往的过程中，不要秉持你赢我输、我输你赢的零和思维，而是寻求理解对方，找到最大公约数，力求让所有人得益。"

学习是一辈子的事情。对自己积极管理，有条不紊地处理事务，积极乐观地对待困境，理解他人并相互依赖，等等，这些习惯都要一辈子慢慢修炼。而这些，学校可能没教会你。

老爸

沟通的艺术

——与孩子聊《非暴力沟通》①

孩子:

上一周,以前的学生小昕向我诉说内心的烦恼。她和另一位女生搭档完成期末作业,本来是一件挺好的事情,两个

① 《非暴力沟通》,[美]马歇尔·卢森堡著,阮胤华译,华夏出版社,2016年。

人齐心协力共同完成任务。可是，那个女生却把所有的事情都推到了她身上——材料都让她买，PPT和演讲也是她承包……

更过分的是，那个同学还在背后说她的闲话。她属于那种话少又不会解释的人，憋在心里很受伤，感到外面的人不怎么友善，自己也交不到什么真心朋友。

小昕向妈妈倾诉，妈妈说人在外面，总会遇到这些事，要学着理解他人。听了妈妈的话，她还是很难受，觉得没有人能理解她；她又很生气，看着对方的脸，甚至想打她。

我回复她：（1）心里平静下来。（2）想一想自己为什么生气。（3）再想一想内心深处的需要是什么。（4）和同学积极沟通，说出你的需要。

她想了想，说："我的需要其实就是为自己辩解。我没有错，但是不想和她交流，那个女生的性格真的很讨厌。"

我承认她的感受，这样的事情是让人郁闷。但是，事情总要解决，忍让或愤怒并不能解决问题。我鼓励她不要压抑自己的需要，大胆说出感受，积极沟通。我们不管对方性格如何，应该直奔目标而去。通过合理分工，共同协作，互相理解，才能把事情做好。

她同意去沟通。晚上跟我说，事情已和平解决，还是老师你说得对。

说出内心的需要

我之所以这样来与她交流，受益于一本非常棒的书——《非暴力沟通》。书中指出，在生气时，批评和指责他人都无法真正传达我们的心声。如果想充分表达愤怒，我们就不能归咎于他人，而把注意力放在自己的感受和需要上。与批评和指责他人相比，直接说出我们的需要更有可能使我们的愿望得到满足。

表达愤怒的四个步骤是：（1）停下来，除了呼吸，什么都别做；（2）想一想是什么想法使我们生气了；（3）体会自己的需要；（4）表达感受和尚未满足的需要。

你看，小昕一开始非常难受，妈妈的安慰也无法使她平静，甚至生气到想要用暴力来解决。我让她先停下来，按照四个步骤问一问自己，了解一下内心的需要。心里平静了，说出自己尚未满足的需要，那问题就解决了一大半。

在生活中，我们的需要或者感受常常被压制着，经常被鼓励服从权威而非倾听自己。渐渐地，我们习惯考虑他人期待自己怎么做。久而久之，我们会迷失方向，害怕听到内心深处最真实的声音，不能勇敢地做自己。

我们不善于表达自己，要么将自己的声音掩藏起来，要么简单粗暴地处理事情。很多人受到别人的攻击时，第一反应就是"回击"。于是，人与人之间稍不如意便起争执，尤其是公共场合，陌生人之间言语不和，发生冲突，甚至酿成悲剧。那一刻，人们忽视了彼此的感受与需要，而将冲突归咎于对方。

作者认为，大部分暴力的根源都是如此，无论是语言、精神或身体的暴力，还是家庭、部落以及国家的暴力。

四个要素

异化的沟通方式让我们难以体会到心中的爱。作者由此提出"非暴力沟通"，并提出四个要素：观察、感受、需要、请求。与人交流需要我们陈述事实，隐藏主观的判断，只表达观察的结果，而不做任何的评判，这才是有效沟通的基础。事实上，一般人喜欢去评论，给别人贴标签——"他真懒惰""你总是很忙"等。这样的表达如果言过其实，往往得不到友善的回应，别人可能产生逆反心理，有效沟通也就被迫中止。

与人沟通，要求我们不戴有色眼镜看别人，不妄下结论，而是诚实地表达自己观察的结果。然后，勇敢地表达内心的感受，从而使沟通更为顺畅。可是，我们的文化并不鼓励人们说出自己的感受，大多数人的感受都被压制着。就如小昕，宁可将委屈或怒火埋藏于心，也要向对方报以微笑。

书中建议，为了更好地沟通情感，要使用具体的语言。

本书还编制了词汇表，在第 43 页。这些词语有助于表达我们内心的需要有没有得到满足，更加清晰地表达感受。

感受来何而来？它根源于我们自身的需要。所以，我们要进一步追问自己。当听到不中听的话时，我们体会自己的需要和感受，直接说出来，就能获得对方积极的回应。小昕接受了我的建议后，主动地说出了感受，也让对方明白了自己的需要，问题得到圆满解决。我们要做生活的主人，而不是情感的奴隶，不要强压着自己感受使他人快乐。我们帮助他人，不是出自恐惧、内疚或惭愧，而是关爱。

最后一个要素是请求。到这一步，需要我们避免使用抽象的语言，而是借助具体的描述，来提出请求。请求越具体，就越有可能得到理想的回应。所以，"我希望你理解我"这样的句子并没有清楚地表达出你的请求，对方也无法了解你到底想要什么。我不知道小昕向对方提出怎样的请求，但我相信对方一定很明白她的感受与需要。

了解了非暴力沟通的四要素，我们在生活中要进行运用。学会与他人积极沟通，全心全意地体会对方，不要急着下结论，而要体会一个人在某个时刻独特的感受和需要。同时，当我们表现不完美时，也能专注于尚未满足的需要，接纳自己，爱自己，寻求解决之道。

你说呢？

老爸

写文章，不写作文

——与孩子聊《文章自在》①

孩子：

写下这个题目，我心里有些虚。此语出自张大春先生。作为一位语文老师，怎能不要学生写作文呢？不仅要写作

---

① 《文章自在》，张大春著，广西师范大学出版社，2017 年。

文，还要认真写，争取在考试时作文拿高分呀——我也是满心期望你作文获得高分。

什么是文章？什么又是作文？首篇《语言美好》，作者回忆自己的小学求学经历，谈及影响他至深的那些语文老师。没有一个人教他什么是类叠法，什么是排比法，而在带着饱满的情感朗诵课文，在上下文相互响应之际，递出一个心领神会的眼神，让他们体会到什么是语言的美好。

初中毕业前夕，他特地找苏老师问："为什么老师说：'写什么都可以，就是不要写作文'？"苏老师沉吟了一会儿才说："作文是人家给你出题目；真正写文章，是自己找题目，还不要找人家写的题目。"

写作的真义

那文章又怎么才算好？大春先生引用苏轼教导别人的例子，得出"好文章是从对于天地人事的体会中来"。这个"体会"应该来自发自内心的热情，是"自己找题目"，而不是为了迎合出卷考官的意思，揣摩批改考官的想法。

一言以蔽之，作文就要揣摩他人的想法。

这一点，我深有体会。从小学到中学，我一直不知道作文该怎么写。小学作文常常要求"写一件有意义的事"，小脑袋里哪有那么多"有意义的事"？再说，小孩子心中的"意义"与大人心中的"意义"相差何其远矣。于是，想破头皮去编什么助人为乐的故事，结尾不忘点明中心"我是红领巾"。

到了中学也是如此，印象中没有正儿八经的作文课。老师教作文的途径就是多读作文选，多模仿，多改编。那年的中考作文题目是《这件事教育了我》。我前一天读了作文选，现场改编了。大致内容是我因为贪玩，成绩下滑，结果受到了很大的教训。然后，知耻而后勇，奋力追赶，于是生活中又充满阳光。这件事教育了我要好好学习。

修辞立其诚。而在一个处处追寻意义的年代，我们恰恰丢掉了写作的真义。所谓的体会，不是来自生命本身，而是去迎合别人，去说空话、造虚语，甚至为了追求所谓的文采，滥用修辞，引述"放之四海而皆准"的名言等。

学校里的作文教学，败坏了学生的胃口，只会造就一代代不善写文章、不愿写文章的人。这也是作者所深深担心的——"考作文杀害了孩子们作文的能力，让一代又一代的下一代只能轻鄙少儿时代多么言不由衷或人云亦云。一切只归因于年长的我们不会教作文。"

见招拆招的能力

以我的写作经验来看，好文章是从心里流淌出来的，如汩汩清泉。我们对天地万物有所感悟，就会触动情感的弦。

此刻内心颇为敏感，能发现事物之间一丝一缕的关联，深入思考，慢慢体会这触动的来源，追问它，感受它，放大它。抓住时机，捕捉头脑中零散的意象以及当时的心境，下笔成文，就是一篇好文章。

不过，只要是学生，就得写作文。对于应试作文，也有方法。作为合格的学生，对于命题作文，我们要有见招拆招的能力，从中训练你的思维与表达。

你的老师布置了一篇作文《那一次，我真开心》。按张大春的观点，一个题目出现在眼前，它的每一个字与另一个字有着各式各样的关联。我们往往会从题目中的关键字着眼。一次怎样的经历让"我"如此开心？你要详尽描述这一事件，特别是事件中特殊的情境能印证或解释"开心"这一情感中心。而且，要想让读者有新奇之感，这一件事就不是那么随便的。

首先，它要能击中你，让你久久回味。其次，你还要有放大的能力，让细微的感受变得深刻。最后，你还能赋予事件以意义。这意义不是外在强加的，而是内心自然生成的。

你看，写作是一种学习。在写作中，我们可以凝视自己、发现自我并塑造自身。

写作是个技术活

这本书的第二部分是作者在谈写作技巧，每篇后面附有一至三篇例文。读后，既能知其然，又能知其所以然。写作是个技术活，作者仔细分析写作技巧，包括遣词造句、引起动机、引用经典、句法调度等。

如《草蛇灰线》一文展示文章怎样将点点心思串联成一个完整的意念；《叙事次第》让我们明白持续制造读者对于故事的多样悬念有多重要；《论世知人》则告诉我们写人的文章因为带有时代特征而使人物立体鲜活。值得一提的是，作者关于如何学习文言文也会让你眼前一亮，因为文言文阅读正是中学生的难题。

《读库》主编张立宪说，如果我是作文老师，我会告诉我的学生，忘掉你是一个作文课上的学生，你可以用其他任何人的身份来写作，写给任何你想写给的人看。

你现在学业任务很重，有时间还能在日记本上随意写写，我相信你在创造一个自由自在的世界，并庆幸你身上有始终如一的表达热情。不管将来如何，写好文章是一辈子的事，自由表达是开心的事。

老爸

将文字写进读者的心里

——与孩子聊《写作教练在你家》^①

孩子：

　　你读了张大春的《文章自在》，心中若有所悟，有时还把你的练笔给我看，真是自在得很。学而时习之，真好。不

---

① 《写作教练在你家》，郝广才著，新星出版社，2018 年。

过语文考试之前，你还是透露出一丝担忧：不知道作文怎么写。我一时答不上话来，该如何写出优秀的考场作文呢？你之前写过的那些作文题，我也不知道该从何下笔。

要继续读一些坊间的作文教育书吗？如《作文宝典》《中考满分作文大全》等，我不推荐。它们都是以应试为目的，一味讲究技巧，讲究修辞，千篇一律。如果看多了，会严重影响自己的想象力，一下笔即"作文腔"十足。

写作，是在心灵深处开一朵花。而有些写作之花，干巴巴的，如同废旧的塑料花，没有光泽，没有生命。

学写作就是学思考

写作的奥秘是什么？我又读了郝广才先生的《写作教练在你家》，心中似乎明朗了一些。此书并不是专门教你如何写好应试作文，但对你学习写作大有裨益。

全书一共有四十个章节，作者给你上了四十节课。每一课主题突出，案例生动，结论精辟，让中学生有章可循，有规可依。翻完最后一页，你会觉得写作并不那么神秘，也不那么棘手。写作是思考的游戏，学写作就是学思考。哪位小朋友天生不爱思考呢？

我一直跟你念叨，好的文字要有画面感。因为你的文字是写给读者看的，你需要将你的思想、你的感受准确无误地传达出去，必须借助形象的力量，方能感染读者，引起读者的共鸣。

书中第一课《图像思考》，作者认为"语言文字的本质就是要表达画面"，真是于我心有戚戚焉。明白这一点很重要，写作时你会在脑中建构画面，用图像思考。脑中有图像，就不会写不出东西来。一旦写出来，读者就能身临其境。

接着，作者围绕这一点又讲了好几课。比如语文老师强调我们在作文中多用比喻，好处是让语句生动。其实，比喻的作用就是产生画面感，让人更好地"看得见"。读者并不喜欢概念化的东西，更喜欢直观形象。书中举例，"说人胖，绝不能写胖"。如莎士比亚的"她的身体像个浑圆的地球，我可以在她身上找出世界各国来"。哇，这样写，是不是很新奇？是不是比"胖得像猪"更好呢？句子里有看得见的东西，读者读到此句自然心领神会，甚至会心一笑。

文字要入读者的心

我跟你提起，作文中要适当运用景物描写。作者特地用一课专门讲作文中如何"布景"——布景是为文章营造不同的时空环境、衬托角色和情节而设置的，有助于加强读者感觉，让读者融入其中。布景好坏在于是否符合主题。比如张继的《枫桥夜泊》，马致远的《天净沙·秋思》，一切景语皆情语，那一幕幕画面巧妙表达出作者那一瞬间的情思，引起读者强烈的情感体验。

这一切，都是从读者角度考虑，即我们如何将文字写进读者的心里。

细读之，你会发现，作者谈写作，心里每时每刻都想着读者。

他讲求布景要描写细节，如写季节不要直接点明。比如冬天到了，可以用"树叶开始往下落，野雁成群向南飞……"作开头，而不是"冬天来了"。小学生写春天就喜欢写"春天来了"。按照书中的方法，我在班上问孩子春天会有什么，春风、燕子、小草、鸟声、杨柳、细雨……孩子把有关春天的"珠子"找出来，用线串一串，就串出一个春天了。读者喜欢怎样的开头，他深谙其道。

他提倡成语不是用得越多越好。有些成语因为用得太多，无法入读者的心。我们应该从成语中学习表达的创意，创造自己的新比喻。他认为"如果一个字能说清楚，不要用两个字"，"如果有一个字能删掉，一定要删掉"。这些是讲究句子的节奏，为了便于读者接受。他提出"动作最能制造活生生的画面感"，写好动作，一要写连贯的动作组合，二要写慢动作。

审视自己的作文

"将文字写进读者的心里"，带着这样的想法来审视自己的作文，你会有新的感受。

我们来看你这次月考作文《不期而遇的温暖》。首先，你善于布景，"一片树叶从树上飘落，无力地掀动着，落在冰冷的石板上"，落叶，孤身，加上冷雨，衬托出你心底的忧愁，这样写能一下子抓住读者的心；然后，你"叹了口气"，道出了为什么忧愁——这里仅仅是一句话写出来了，却不能引起读者的想象，因为没有画面。

这时，班长撑着伞来了。在她的帮助下，你慢慢走出内心的泥沼。这几段，你主要采用对话的方式，让读者感受到两颗心是怎样互相取暖。当然，描写还要更细致些。比如，写班长安慰你，可以加上一连贯的动作——班长把伞向你那边悄悄地移了移，轻轻拍着你的肩……这样，就有活生生的画面感了。

最大的问题在结尾，你写得过于直白。"不要直接写，要间接写，用美的方式处理，用保留空间和想象的方式处理，要有余味。开头要像打鼓，鼓声震撼，吸引人的注意。结尾要像撞钟，钟声悠远，余音绕梁。"作者郝广才如是说。

你从小对故事感兴趣，并说自己将来想成为写故事的人。你细细读这本书的后半部分，就会明白如何写出一个好故事，比如角色塑造、故事结构、情节推进等。作者一语中的，且妙语连珠、趣味横生，也是充分考虑你们这些小读者呀。

最后一点提示，你还可以学习郝广才是如何读书的。书中所引用的那些名句，是多么妥帖，多么精准。你在阅读时，也要多留意这样的句子，看看它们是如何进入你心里的。

郝广才说，真正能教会你写作的，是写作本身。写作最好的老师，是写作。孩子，你不要怀疑，大胆写下去，终有一天，你会将文字写进读者的心里。

祝你写作愉快！

老爸

如果你未来想开公司

——与女儿聊《24堂财富课：陈志武与女儿谈商业模式》[1]

孩子：

今天我们来聊一个话题，你未来想从事什么职业？想不想开属于自己的公司？爸妈都是教师，对其他职业没有多少想象力，对创业开公司更没有什么心得。眼前这本《24堂财富课：陈志武与女儿谈商业模式》，是美国耶鲁大学教授、著名经济学家陈志武与女儿关于商业的对话集，读完后，你或多或少对商业模式有所了解，说不定还能产生兴趣呢。

对我而言，这是一本关于财富的启蒙教育读本，也是与孩子进

---

① 《24堂财富课：陈志武与女儿谈商业模式》，陈志武著，当代中国出版社，2009年。

行有效沟通的范本。

书中一共有 24 次对话，就等于 24 堂主题财富课。陈志武善于从身边的现象出发，饶有兴致地与女儿陈笛聊商业故事，如比尔·盖茨如何致富、星巴克为何会成功、跨国经营个性化服装是怎么回事等。讲述过程中，他顺便也把边际成本、垄断利润、风险资本、产权制度、商业伦理等复杂的经济学、金融学、管理学的概念讲得清清楚楚。

商业就在生活中

书中一些案例来源于日常生活。陈笛刨根问底地追问，陈志武深入浅出地解析，我们会发现背后的商业秘密。

在第一个比尔·盖茨的故事中，我们知道软件商业模式的特点。再如，腾讯公司的赚钱方式。在 QQ 世界，你要装扮一下，就要买虚拟的道具。这些虚拟商品经程序员开发出来后，每卖出一个，就是净利润，成本几乎为零。这就是"边际成本"。边际成本越低，公司越赚钱。你看，现在很多 App 都需要开通会员，不然，你得不到优质的服务。我觉得背后的模式是一样的。你将来想开公司，就要朝这个方向努力，想尽办法降低成本。

你舅舅在扬州做厨师，如果他现在想开家小餐馆，应该可以。不过，他将来想扩张餐馆，开多家连锁店，就需要一种有效的商业模式。书中讲 2008 年他们一家四口参加北京奥运会开幕式的事，能给舅舅以启发。开幕前，他们去鸟巢的小卖部买吃的，结果等的时间太长，不是因为人手不够，而是为了多给顾客提供选择，若干个菜单组合反而影响进程。服务越多，收费越杂，速度越慢。陈志武指出，特色性、多选择是餐饮业规模化发展的敌人。怎么办？就要学麦当劳的商业模式，设计几种套餐，减少客人的选择才能实现规模化的扩张。这些涉及简化流程、餐饮规模化、市场化定价等商业原则，你看飞机场、火车站人流如潮，肯德基、永和豆浆等快餐店的套餐是不是比其他餐厅少呢？

　　商业就在我们的日常生活中，包括人们的衣食住行。相比以前的商业模式，如今人工智能、云平台背景下，商业活动更为创新与灵活。我们以前购物都到商场、超市，现在可以在淘宝、京东等电商平台上挑选，省时又方便。其商业模式建立在强大的技术平台和庞大的物流网络上。现在出门打车喜欢用滴滴快车，正是通过互联网技术和大数据分析，提高了人们的出行效率。

　　任何学问最初都始于疑惑与惊奇。陈笛从小对商业感兴趣，她听了爸爸讲盖茨致富的故事后，用一连串的问题向爸爸探讨星巴克成功的秘诀，从而懂得商业行为背后的规模化及品牌效应。陈笛的独立思考能力、批判性思维令人赞叹。在经济全球化的大背景下，多留心生活，多关注时代的发展，多了解商业模式的原理，就能把握住商机。

公司让世界更美好

不管你将来是开大公司，还是小超市，我希望你不要把挣钱当作唯一的目的，而要让世界变得更好。什么是更好？让顾客受益，让员工受益，让社会受益，形成一个良性循环，最终受益最大的还是自己。

换句话说，不能只顾赚钱。赚的钱可能是好的，也可能是坏的，不能赚不道德的钱。书中陈笛想学星巴克那样开糖果连锁店，在每个幼儿园、小学的门口开一家分店。陈志武肯定其想法之余，提出了"商业伦理"，即要讲道德。小朋友糖吃多了，不仅会坏牙齿，而且会长胖，对健康不利。

陈志武引用孔子的"己所不欲，勿施于人"作为原则，告诫孩子"在我们家里不能做、不能用、不能多吃的东西，就不要想方设法鼓励别人去做、去用、去多吃"。他还通过讲述18、19世纪东印度公司的鸦片贸易，进一步强调这个观点。陈教授让孩子接触到财商启蒙，更重要的是让孩子认识到财富的价值与意义，潜移默化地让孩子懂得做人的道理。

最后一堂课讲洛克菲勒的财富和公益事业，陈笛从故事中获得启示："如果是我，我也愿意在医学和教育领域多捐赠，这样的捐赠能够帮助社会，但不会像给一些人直接送钱消费那样，鼓励人去懒惰。"

其实，陈志武一直不忘关注人。他与陈笛聊商业模式案例，从微软的盖茨、星巴克的舒尔茨、沃尔玛的沃尔顿、重庆力帆的尹明善到亚新科的杰克，都从这些普通家庭出身的人的创业故事中挖掘奋斗的因子，给人一种向上的力量。天下没有白吃的午餐，人生就是永远的奋斗。

书中，父女俩还讨论了如何能让员工心疼钱、企业到底是大而全好还是专而精好、全球化下有什么新的商业模式、借钱花到底好不好等具体而现实的问题，这些话题必能开阔你的视野，提升你的认知。

全书充满父亲对女儿真挚开明的爱，自由平等的亲子交流值得所有家长学习，最后给女儿的两封信特别好！

另外，有网友提出不一样的看法："作者可能是为了讲解得更基础，很多地方讲解得都比较片面，比如书中提到的大公司的成功基本都是单一归因。而且，由于成书年代较早，对中国的认知还是停留在很久之前，不足以作为依据。事物都有两面性，一个公司的成功不可能单靠商业模式，一个国家也不可能尽善尽美，凡事辩证看待才是真谛。"

以上种种观点供你参考啦！

老爸

踏上心智成熟之旅

——与孩子聊《少有人走的路》[①]

孩子：

　　前几天，我看到华东师范大学刘擎教授的访谈视频。其中，他直言不讳地说现在的大学生阅读能力下降了——他们

[①] 《少有人走的路》，[美] M.斯科特·派克著，于海生译，吉林文史出版社，2007年。

把大量时间花在阅读社交媒体上，被网络上的信息、资讯、笑话、段子、短视频带着走。刘教授认为，这会导致成年人的童稚化。童稚化的标志在于我们不太能够延迟满足，只会沉溺于大量的好玩的资讯。

听到"童稚化"这一说法，我顿觉刘教授用词之精准。另有一种说法，叫"巨婴症"。有人认为，当今社会，"巨婴症"似乎成为一种普遍的人类心理通病，特别是在年轻人群体中。所谓"巨婴症"就是外表看起来成熟，但心智方面却依然像个小孩甚至婴儿般，害怕承担责任，遇到问题就逃避，需要依赖他人，容易被情绪左右，言谈举止更是不懂得分寸。

或许，你要问我：那么，什么是心智成熟呢？

"心智成熟不可能一蹴而就，它是一个艰苦的旅程。"我翻开手边的这本书，此语映入眼帘。心智成熟的旅程，正如该书名，这是一条"少有人走的路"，这一路荆棘丛生、泥泞不堪，每走一步都充满了挑战。

那我们可不可以不走这条路？作者 M.斯科特·派克在书中明确指出："人可以拒绝任何东西，但绝对不可以拒绝成熟。拒绝成熟，实际上就是在规避问题、逃避痛苦。规避问题和逃避痛苦的趋向，是人类心理疾病的根源，不及时处理，你就会为此付出沉重的代价，承受更大的痛苦。"

作者是一位经验丰富的心理医生，他在书中记录了其从业二十余年碰到的具有参考性的病例，从自律、爱、成长与宗教、神奇的力量四个方面，还原就诊现场，深入剖析心智成熟的条件，向人们指出一条人迹罕至的道路。

学习提问

阅读这本书，我向你介绍一种读书策略——"提问"。一个好的读者，在阅读前、阅读中和阅读后要能提出基于文本和由文本生发的问题，才会深刻理解书的含义。

首先，向书本提问。提问的目的，是将自己阅读这本书的目的具体化。这样，你的阅读目的更为聚焦，阅读更为高效。比如，看到书名，你会想：为什么是"少有人走的路"？作者是怎么知道这条路的？什么是"心智成熟"？"心智不成熟"有哪些特征？如何追求"心智成熟"？

带着脑中这些问题，我们打开目录。你会发现两个关键词——"自律"与"爱"，这两部分是本书中最核心的内容。那么，问题又来了，为什么是"自律"与"爱"呢？

自律的要义

说到"自律"，我们会联想到一些人能克服外在诱惑，专注于自己成长。无论是我之前跟你聊到的曾国藩、海伦·凯勒，还是苹果公司创始人乔布斯，他们身上都有极强的自律精神。乔布斯曾说过："自由从何而来？从自信来，而自信则是从自律来。"

不自律者往往不能面对自己的问题，害怕承受痛苦，在问题面前选择了逃避，失去以解决问题推动心灵成长的契机，长此以往，心灵会萎缩和退化，心智就不会成熟。派克说："人生是一个面对问题并解决问题的过程。问题能启发我们的智慧，激发我们的勇气；问题是我们成功与失败的分水岭。为解决问题而付出的努力，能使思想和心智不断成熟。"

我刚参加工作的那几年，问题不断，班级管理令人头疼。环境闭塞，自己如井底之蛙，陷入专业发展停滞不前的痛苦中。于是，我有意识地磨砺自己，向身边的老师学习，从书籍中寻找方法。我入选市青年教师读书班、名师工作室，积极参加各类赛课，在大平台上锻炼自己。每晚挑灯夜读，笔耕不辍，在各个网络教育平台发出自己的声音。在专业发展之路上，我充实而自信，越来越成熟。

正如书中所说，所谓自律，是以积极而主动的态度，去解决人生痛苦的重要原则，主要包括四个方面：推迟满足感、承担责任、尊重事实、保持平衡。

你小时候都是做完功课后再去玩。初二时你拥有个人手机，也只在空闲之余翻看一会儿，你很好地实践了"推迟满足感"。你长大后会遇到种种问题，你是贪图一时的满足还是解决当下的问题，必须做出正确的选择。

比如，你将来读大学立志成为佼佼者，拿到奖学金，是珍惜光明孜孜以求，还是沉溺于网络不能自拔？你要保持好的身材，维持身体健康，是抵制垃圾食品，加强运动，还是只顾口腹之欲？毕业后你要拥有自己的事业，取得骄人的成绩，周末时是在专业领域不断精进，还是无节制地参加无聊的社交？

如此种种，都是人生的难题，且都是自己的问题，你要勇敢地承担责任。这也是心智成熟的表现之一。许多人习惯回避问题，趋利避害，为自己的懒惰、懈怠、无能找借口。这也是一种遗憾。把责任推给别人或组织，就意味着放弃自我权力，逃避自由。

尊重事实，就是如实看待现实，不断绘制人生地图，扩大和更新自己对于世界的认识；保持平衡的最高原则就是"放弃"。书中记录大量病例，作者分析病人的症状与背后深层次原因，也是这些原则的生动体现，定能助你深刻理解。

什么是真正的爱

自律是让我们实现心智成熟的工具，可是实现自律并不容易，需要巨大的勇气去忍受痛苦，作者认为推动我们前进的是爱。爱，我们并不陌生，但有多少人能理解并拥有爱的能力呢？

书中举了一个例子。有一个年轻的男性病人，他胆小怕事，性格拘谨而内向，他对作者说："母亲对我的爱太深了！我到高中三年级，她都不肯让我坐校车到学校去。我苦苦哀求，她才让我坐校车。她怕我在外面受到伤害，所以她天天开车，把我送到学校并接我回家。她真的是太爱我了！"

这是爱吗？

本书给"爱"下了一个定义：爱，是为了促进自我和他人心智成熟，而具有的一种自我完善的意愿。作者带你认真思考关于"爱"的本质——

恋爱时，情侣坠入情网是爱吗？

婚姻中，夫妻一味迁就对方是爱吗？过分依恋对方是爱吗？

亲子关系中，父母为孩子牺牲自我是爱吗？

你不要凭感觉回答，而要借助定义思考：这些"爱"，有没有促进自我和他人心智成熟？有没有达到"自我完善"？换句话说，彼此有没有在爱的滋养中成长？

真正的爱，要视对方为独立的个体，给予彼此自由的选择与成长的空间。它不以爱的名义进行束缚与捆绑。爱不是感觉，不是自我感动，爱是相互成就，是基于灵魂的行动。

"自律"与"爱"是本书的核心内容。你在阅读这部分时想起什么？你明白了具体的含义吗？它对你有什么意义？这就涉及"提问"的另一个层面：向自己提问。我们不光要听作者发出的声音，还要与自己对话，听我们脑子里发出的声音。我阅读时想起刚工作时的经历，你是否想起自己的学习经历或其他呢？

本书最后一部分谈到阻碍成熟最大的障碍就是懒惰。每个人都有惰性，因为惰性的存在，我们总要逃避必要的痛苦，不愿付出任何辛苦，从而选择平坦的道路。所以，心智成熟是艰难而孤独的旅程，是突破自我的修行之旅，这正是"少有人走的路"，也是我们不可逃避的必经之路。

老爸

愿你的未来纯净明朗（代后记）

亲爱的女儿：

明天你就 18 周岁啦，祝你生日快乐！

你还在妈妈肚子里的时候，爸妈在一个本子上给你写

信，一边写一边幸福地憧憬着。一转眼，你都读大学了。时光飞快，每次我们下乡路过管阮村，总浮现你小时候在这里游玩的情景——野草，油菜花，宽阔的河水，和煦的春风，扎着马尾辫蹦蹦跳跳的小姑娘……汽车疾驰而过，就如你的童年、我们的青年倏忽而逝。

每年到你生日这天，点上蜡烛，往事在眼前一幕幕回放。有时想，会不会存在一个平行时空，过去的时光还停留在那里，只不过我们顺着时间的河流而下，却无法回头，无法再有交集。如果有机会回去，我们真想再看一看——

你出生的那一刻，我们小心地从护士手里接过你，你睁着清澈的小眼睛好奇地打量着这个世界，我们的心都融化了。

三个月的你睡在摇床上，快活地啃自己的手指。有人来逗你，你就咯咯地笑个不停。

在外婆家，你坐在学步车里，快活地跑来跑去，突然凑到爸爸面前喊了声"爸爸"。

周末，我们跑遍了乡下的树林。在林间，斑驳的阳光照在身上，你在寻找自己的树。回来的路上，你坐在电动车前面小声唱《小白象》。

……

"逝者如斯夫！不舍昼夜。"回溯过去，你如恩德笔下的犟龟，上了路，天天走，度过中国式小学、初中、高中，翻过题山，渡过考海。烦恼与担忧常在，掌声与鲜花偶至。你终于迎来生命中的庆典。

6月9日，你走出考场的那一刻，我们带着鲜花去接你，内心无比激动，就好像听到小鸟振翅的声音。那一晚，我们久久未眠，穿越午夜之门写下《今天，你蹚过高考这条河》：

……今天，你蹚过高考这条河／抛开绳索升起船帆／遭遇信风、探索与发现／勇敢地乘风破浪／我们没有别的祈求／只有满心的欢喜与祝福／目送你继续带着梦想与勇气出发／跨越一座座山渡过一条条河／一直驶向幸福的彼岸。

是的，只有满心的欢喜与祝福。

高中这三年真不容易啊，课业繁重，压力山大。成绩起起伏伏，疫情反反复复，心情浮浮沉沉。翻看日记，关于你的点点滴滴，主要是考试、心情及身体状况，无一不令人操心。高考前两个月因本地出现阳性，你们高三学生被迫封校五天。你第一次独自边学习边照顾自己。学校居住环境不好，时间太紧张，人很辛苦。

好在一切都熬过来了。

高二文理分班，我们劝你选择文科，你却选择了理科，在数学和物理学习之路上一直跟跟跄跄。在教育上，我们比较顺其自然和尊重个性。从小你学画画、书法、乒乓球等，更多是随你的兴致，没有让你有意识地坚持下去。读初中后，应试压力扑面而来，大量的作业、练习，也不忍心督促你读课外书。

高考成绩后填志愿，我们倾听并尊重你的心声。你选择了师范专业，不知道是否受我们的影响。你的奶奶、爸妈在小学教育辛勤工作一辈子，你耳濡目染，或多或少了解到这个职业的甘苦；你选择了文学专业，与世界上那些优美深邃的文字打交道，是多么惬意的事啊！文学就是人生，文学让我们看到另一个世界的风景，体验另一种美好的生活，它能给予你源源不断的精神滋养。

汉语言文学（师范）专业，一个能够把读书、教书作为专业的专业，一个能将志趣、职业、闲暇高度整合的专业。我们认可你的选择，也很欣慰。

人生就是一场接一场的考试，就是一次又一次的选择。你明天18岁了，你更应该学会自己去选择，自己去面对，自己去承担。不管是专业、职业，还是将来的婚姻，都要细细思量，认真考量。不轻易放弃任何一个机会，也不轻易许下一个承诺。

黄蓓在写给女儿的信中说："身为女婴，你出生时要割断依赖于我的生物脐带；身为成人，十八岁时要割断依赖于父母的心理脐带；身为女人，你始终别忘了割断依赖于男人的文化脐带。"

这世界并不完美。作为一个女性，你将来在生活中可能会遭遇性别偏见或不公正的对待，会面临一些重大的人生关口，我们希望你有头脑、有能力去抉择。《始于极限》一书中说，如今的女性不必依赖男性，也可以追求自身利益。她们不必期望男人说出"我想给你幸福""我会一辈子保护你"之类的话，而可以抬头挺胸地说："自己的幸福自己争取！"

记住，任何时候都要看重自己，自己的幸福自己争取，不要将它寄托在虚无缥缈的人和事上。你还记得吗？宫崎骏的《千与千寻》中白龙跟小千说："以后还有很漫长很漫长的路途，都要一个人走完。都要靠自己，凭借自己的能力去完成，而不是依靠谁。"

目前你读大一，爸妈希望你对自己的未来有个规划，有个愿景，不要心想着混个文凭就行了。有些同学到了大学就放松对自己的要求，得过且过，靠游戏和刷刷短视频、追剧打发时光，爸妈认为是非常可惜的。

任何成长都需要一种深长缓慢的阅读，需要长期深入的思考，而不是短平快的即兴满足。我们希望你少一些碎片化的阅读，多读点书，不只是为了学位和学历——那是持续不断的自我教育，认识世界，认识自我。读书能寻找和构建我们与世界的联系，能帮我们在这个不确定的时代安身立命。作家茨威格说，一个喜欢自由而独立阅读的人，是最难被征服的，这才是阅读的真正意义——精神自治。

所以，我们希望你合理安排好自己的时间，将宝贵的时光花在自己的精神成长上。不要过多地停留在物质享受层面。马斯洛的需要层次理论提出，人在满足了基本的安全、生理、情感需要后，要有更高的精神追求，即自我实现的需要。

人该怎样才能达到自我实现？你人生第一次重要选择，明确了自己的兴趣所在，要力争将之发展为终生的志趣。人的一生，拥有自己的志趣，孜孜以求，乐在其中，怎么会不快乐、不幸福呢？因此，大学期间用功读书尤为重要。爸妈郑重提醒你，不可丢了中学时代的勤奋刻苦精神，要将之成为自己的习惯或生活方式。

当然，也不要把时间都花在学习上。抽空多交交朋友，多出去逛逛。学会生活比拿张文凭要难得多。要懂得过快快乐乐的生活，要会过各种不同的生活。爸妈都没有机会在大学里学习与生活。我们那个时代，接受的教育还停留在诸多不自由的状态。相较而言，你的大学生活多元而自由，你要拥有开放的胸襟与探索的精神，去辨别这个世界的善与恶、真与伪。

不要怕遇到棘手的事。人在事上练，事情越难办越能锻炼自己。很多时候，你并不能控制事情的发生，你只能控制你的反应。魏智渊老师说，掌控情绪，掌控事务，最重要的练习或许是忍受——忍受挫折，忍受失败，忍受偶尔的无能为力。要相信，所有的一切，都会在时间中缓解或解决，直到新的问题不断地涌现。你不要幻想有一个没有问题，能力完全可以轻松驾驭的时刻。

这世界不是那么好，也不是那么坏，这世界上很多东西并不能用好与坏来形容，就如这世界上的颜色并非只有黑与白，黑白之间还有漫长的灰色地带。人总会遇到一些好事，和一些坏事。好事我承受得起，坏事也承受得住。做人要开开心心，坦坦荡荡。努力很重要，但有时努力未必会有很好的回报，我们希望你明白这一点。

今天在饭桌上，你谈到如今这个时代好像无须"养儿防老"。是的，我们都有养老金、保险等，不会成为你经济上的负担，当然你也不会有这个思想包袱。我们生你养你是源自一种本能的爱，没有任何附加条件。我们不会对你施压，要你好好学习、进取向上，不是因为我们有所求，而是希望你将来有能力幸福。我们爱你，你生活幸福就是我们此生最大的满足，一如普希金诗的美好祝福：

愿你的未来纯净明朗，
像你此刻的可爱目光，
在世间美好的命运中，
愿你的命运美好欢畅。

永远爱你的爸妈

2023 年 2 月 10 日

图书在版编目（CIP）数据

阅读是最好的陪伴：校长爸爸给孩子的亲子书单 /
潘健著. — 上海：上海教育出版社，2024.4
ISBN 978-7-5720-2578-5

Ⅰ.①阅… Ⅱ.①潘… Ⅲ.①阅读教育－家庭教育
Ⅳ.①G78

中国国家版本馆CIP数据核字(2024)第067631号

策划编辑　刘美文
责任编辑　王　璇　刘美文
封面设计　李婷婷
插　　画　安静 Echo

阅读是最好的陪伴：校长爸爸给孩子的亲子书单
潘　健　著

出版发行　上海教育出版社有限公司
官　　网　www.seph.com.cn
地　　址　上海市闵行区号景路159弄C座
邮　　编　201101
印　　刷　上海盛通时代印刷有限公司
开　　本　890×1240　1/32　印张 10.25
字　　数　188 千字
版　　次　2024年4月第1版
印　　次　2024年4月第1次印刷
书　　号　ISBN 978-7-5720-2578-5/G·2272
定　　价　58.00 元

如发现质量问题，读者可向本社调换　电话：021-64373213

献给姣姣

献给所有父母和孩子